"十三五"国家重点出版物出版规划项目

国家出版基金项目
NATIONAL PUBLICATION FOUNDATION

中道
国路

世界对中国道路评价卷

聚焦中国
——海外论十八大以来中国之发展

FOCUS ON CHINA – OVERSEAS REVIEWS ON
CHINA'S DEVELOPMENT SINCE 18TH NATIONAL
CONGRESS OF THE COMMUNIST PARTY OF CHINA

中央编译局海外当代中国学研究中心　编著

中国财经出版传媒集团
经济科学出版社
Economic Science Press

图书在版编目（CIP）数据

聚焦中国：海外论十八大以来中国之发展/中央编译局
海外当代中国学研究中心编著. —北京：经济科学
出版社，2017.9（2018.5 重印）
（中国道路·世界对中国道路评价卷）
ISBN 978 - 7 - 5141 - 8482 - 2

Ⅰ. ①聚⋯　Ⅱ. ①中⋯　Ⅲ. ①社会发展 - 概况 - 中国
Ⅳ. ①D668

中国版本图书馆 CIP 数据核字（2017）第 236289 号

责任编辑：齐伟娜
责任校对：王苗苗
责任印制：李　鹏

聚焦中国
——海外论十八大以来中国之发展

中央编译局海外当代中国学研究中心　编著
经济科学出版社出版、发行　新华书店经销
社址：北京市海淀区阜成路甲 28 号　邮编：100142
总编部电话：010 - 88191217　发行部电话：010 - 88191522
网址：www. esp. com. cn
电子邮件：esp@ esp. com. cn
天猫网店：经济科学出版社旗舰店
网址：http: //jjkxcbs. tmall. com
北京季蜂印刷有限公司印装
710 × 1000　16 开　14 印张　180000 字
2017 年 9 月第 1 版　2018 年 5 月第 2 次印刷
ISBN 978 - 7 - 5141 - 8482 - 2　定价：42. 00 元
（图书出现印装问题，本社负责调换。电话：010 - 88191510）
（版权所有　侵权必究　举报电话：010 - 88191586
电子邮箱：dbts@ esp. com. cn）

《中国道路》丛书编委会

顾　　问：魏礼群　马建堂　许宏才

总　主　编：顾海良

编委会成员：（按姓氏笔画为序）

马建堂　王天义　吕　政　向春玲

陈江生　季　明　季正聚　竺彩华

周法兴　赵建军　姜　辉　顾海良

高　飞　黄泰岩　魏礼群　魏海生

世界对中国道路评价卷

主　　编：魏海生

总　序

中国道路就是中国特色社会主义道路。习近平总书记指出，中国特色社会主义这条道路来之不易，它是在改革开放三十多年的伟大实践中走出来的，是在中华人民共和国成立六十多年的持续探索中走出来的，是在对近代以来一百七十多年中华民族发展历程的深刻总结中走出来的，是在对中华民族五千多年悠久文明的传承中走出来的，具有深厚的历史渊源和广泛的现实基础。

道路决定命运。中国道路是发展中国、富强中国之路，是一条实现中华民族伟大复兴中国梦的人间正道、康庄大道。要增强中国道路自信、理论自信、制度自信、文化自信，确保中国特色社会主义道路沿着正确方向胜利前进。《中国道路》丛书，就是以此为主旨，对中国道路的实践、成就和经验，以及历史、现实与未来，分卷分册作出全景式展示。

丛书按主题分作十卷百册。十卷的主题分别为：经济建设、政治建设、文化建设、社会建设、生态文明建设、国防与军队建设、外交与国际战略、党的领导和建设、马克思主义中国化、世界对中国道路评价。每卷按分卷主题的具体内容分为若干册，各册对实践探索、改革历程、发展成效、经验总结、理论创新等方面问题作出阐释。在阐释中，以改革开放近四十年伟大实践为主要内容，结合新中国成立六十多年的持续探索，对中华民族近代以来发展历程以及悠久文明传承进行总结，既有强烈的时代感，又有深刻的历史感召力和面向未来的震撼力。

　　丛书整体策划，分卷作业。在写作风格上注重历史与现实、理论与实践、国内与国际结合，注重对中国道路的实践与经验、过程与理论作出求实、求真、求新的阐释，注重对中国道路作出富有特色的、令人信服的国际表达，注重对中国道路为发展中国家走向现代化和为解决人类问题所贡献的"中国智慧"和"中国方案"的阐释。

　　在新中国成立特别是改革开放以来我国发展取得重大成就的基础上，近代以来久经磨难的中华民族实现了从站起来、富起来到强起来的历史性飞跃，中国特色社会主义焕发出强大生机活力并进入了新的发展阶段，中国特色社会主义道路不断拓展并处在新的历史起点。在这新的发展阶段和新的历史起点上，中国财经出版传媒集团经济科学出版社精心策划、组织编写《中国道路》丛书有着更为显著的、重要的理论意义和现实意义。

　　《中国道路》丛书 2015 年策划启动，首批于 2017 年推出，其余各册将于 2018 年、2019 年陆续推出。丛书列入"十三五"国家重点出版物出版规划项目、国家主题出版重点出版物和"90 种迎接党的十九大精品出版选题"。

《中国道路》丛书编委会
2017 年 9 月

目　录

第一章

治国理政：开辟
"中国道路"新局面

党的十八大以来，以习近平同志为核心的党中央毫不动摇地坚持和发展中国特色社会主义，在实践中形成了一系列治国理政的新理念新思想新战略，为在新的历史条件下推进党和国家事业发展提供了科学理论指导和行动指南。在习近平总书记系列重要讲话和治国理政新理念新思想新战略的指导下，我们党带领全国各族人民沿着中国特色社会主义道路，坚定不移深化改革开放，凝聚起实现中华民族伟大复兴中国梦的强大力量，取得了举世瞩目的成就，进一步证明了中国道路的正确性，显示了社会主义中国的生机与活力。中国道路在海外的影响力和关注热度日益提升，越来越多的国家和地区把目光投向中国，密切关注习近平治国理政思想给中国带来的积极变化、给世界带来的重大影响。

一、中国特色社会主义理论体系的最新成果

以习近平同志为核心的党中央治国理政新理念新思想新战略，坚定不移走中国特色社会主义道路，紧紧围绕当代中国社会主义现代化建设的生动实践，密切把握当今世界发展大势，进一步升华了我们党对中国特色社会主义规律和马克思主义执政党建

设规律的认识，把马克思主义在中国的发展推进到新的阶段。正是在这个意义上，习近平总书记系列重要讲话和治国理政新理念新思想新战略，是马克思主义理论智慧在当代中国实践中的灵活运用和生动展开，是中国特色社会主义理论体系的最新成果。

马克思主义的基本规律，就是将马克思主义基本原理同中国具体实践相结合。在革命和战争时期，我们党运用马克思主义基本原理深入研究中国社会和中国革命的实际，科学地回答了在半殖民地半封建社会性质的中国，究竟要进行什么样的革命、怎样进行革命的问题，成功开辟了一条中国新民主主义革命道路，并初步探索了社会主义建设道路。在和平与发展的时代，中国共产党人接力探索、不断开拓前进，在改革开放的实践中形成了中国特色社会主义理论体系。中国特色社会主义理论体系是改革开放30多年成功实践的理论结晶，深入回答了在社会主义初级阶段的中国，究竟要建设什么样的社会主义、怎样建设社会主义这一根本问题，同时深入回答了建设什么样的党、怎样建设党和实现什么样的发展、怎样发展等重大理论和实际问题，从而成功开创了一条中国特色社会主义道路。

党的十八大以来，面对复杂的国际国内形势，以习近平同志为核心的党中央从坚持和发展中国特色社会主义的全局出发，提出并形成了全面建成小康社会、全面深化改革、全面依法治国、全面从严治党的战略布局。这一战略布局，既有战略目标，也有战略举措，每一个"全面"都具有重大战略意义。全面建成小康社会，是实现"两个一百年"奋斗目标的第一个百年奋斗目标，是实现中华民族伟大复兴中国梦的关键一步。全面深化改革，是实现全面建成小康社会的强大动力。全面依法治国，是中国特色社会主义发展的法治保障。全面从严治党，是建设中国特色社会主义的政治保证。

"四个全面"战略布局，是对中国特色社会主义理论体系已有成果的坚持和继承。

从目标来看，坚持和发展中国特色社会主义是贯穿改革开放历史的主线。自从党的十二大首次提出"建设中国特色社会主义"，这个科学命题就成为中国共产党和国家全部理论和实践的主题。习近平总书记对这条主线做了具体阐述："坚持和发展中国特色社会主义是一篇大文章，邓小平同志为它确定了基本思路和基本原则，以江泽民同志为核心的党的第三代中央领导集体、以胡锦涛同志为总书记的党中央在这篇大文章上都写下了精彩的篇章。现在，我们这一代共产党人的任务，就是继续把这篇大文章写下去。"① 他对全党全国人民提出要求："中国特色社会主义是中国共产党和中国人民团结的旗帜、奋进的旗帜、胜利的旗帜。我们要全面建成小康社会、加快推进社会主义现代化、实现中华民族伟大复兴，必须始终高举中国特色社会主义伟大旗帜，坚定不移坚持和发展中国特色社会主义。"② "四个全面"战略布局，就是要沿着中国特色社会主义道路，进一步推动改革开放，建设社会主义现代化国家。

从内涵上看，"四个全面"战略布局与"四位一体"、"五位一体"战略布局具有一致性。党的十七大提出"四位一体"战略布局，提出了中国特色社会主义现代化的四个主要内容：完善中国特色社会主义市场经济、扩大社会主义民主、加强文化建设、加快发展社会事业；党的十八大提出"五位一体"战略布局，将中国特色社会主义现代化的内容扩展到五大领域：社会主义市场经济、民主政治、先进文化、和谐社会、生态文明五大建设。在社会主义初级阶段，实现现代化的这几大领域、几个子目标不仅是一个长期过程，而且在各个阶段的实现程度也是不平衡的。以习近平同志为核心的党中央提出"四个全面"布局，其

---

① 《毫不动摇坚持和发展中国特色社会主义》，收录于《习近平谈治国理政》，外文出版社2014年版，第23页。
② 《紧紧围绕坚持和发展中国特色社会主义学习宣传贯彻党的十八大精神》，收录于《十八大以来重要文献选编》（上），中央文献出版社2014年版，第74页。

中的全面建成小康社会，是针对本世纪初我国实现的低水平、不全面、发展很不平衡的初步小康水平而言的。从初步小康到全面小康，是一步重大的跨越，要求我们从社会主义经济建设、社会主义民主法治建设、全民族的思想道德素质、科学文化素质和健康素质的提高、生态环境的改善等方面，全面建成一个惠及十几亿人口的更高水平的小康社会目标。可见，"四个全面"战略布局与"四位一体"、"五位一体"战略布局在内容方面具有共同性，只是后者凸显了阶段性特征。

"四个全面"战略布局，丰富和发展了中国特色社会主义理论体系的已有成果。

关于全面建成小康社会，"四个全面"战略布局从政治、经济、文化、社会和生态角度对小康社会内涵进行全方位深层次拓展，尤其是在文化和生态方面提出了许多新要求新目标，对小康社会的认识更加全面深刻具体。

关于全面深化改革，"四个全面"战略布局明确提出全面深化改革，加强宏观思考和顶层设计，突出了改革的系统性、整体性和协同性。同时，在实践基础上提出的一系列新观点、新论断对原来的理论有了补充和发展，如提出"使市场在资源配置中起决定性作用"新论断，这是对市场在资源配置中起基础性作用的重大理论发展。

关于全面依法治国，"四个全面"战略布局将全面依法治国纳入基本战略布局中，这本身就是对中国特色社会主义理论体系的重大发展。同时，习近平总书记科学回答了党的领导和社会主义法治的关系，提出了一系列新论断，将中国特色社会主义理论体系的法治思想推到新境界。

关于全面从严治党，这实质就是党的建设问题，是中国特色社会主义理论体系一以贯之的重大理论课题。在我们党90多年的历史上，这是首次提出"全面从严治党"。此外，以习近平同志为核心的党中央在党建实践中，逐渐形成了全面从严治党的系统思想，是中国特色社会主义理论体系党建理论的重大发展。

总之，以"四个全面"战略布局为核心的习近平治国理政新理念新思想新战略，是对中国共产党治国理政历史经验的科学总结，也是完善和发展中国特色社会主义制度的战略创新，为我们党领导全国各族人民沿着中国特色社会主义道路继续向前提供了行动指南。

二、开创中国特色社会主义道路新境界

以"四个全面"战略布局为核心，习近平总书记发表了一系列重要讲话，围绕坚持和发展中国特色社会主义、实现中华民族伟大复兴的中国梦，围绕推进经济建设、政治建设、文化建设、社会建设、生态文明建设，围绕推进国防和军队建设、祖国统一、外交工作，围绕全面提高党的建设科学化水平，提出许多富有创见的新思想、新观点、新论断、新要求，形成了以实现中华民族伟大复兴的中国梦为目标指引、以"四个全面"战略布局为核心、以"五位一体"总布局为路径、以"创新、协调、绿色、开放、共享"发展理念为指导的治国理政新理念新思想新战略。

中国梦是共产主义理想在当前中国发展阶段的时代表达。习近平总书记指出，要在中国共产党成立 100 年时全面建成小康社会，为实现中国梦奠定坚实基础；到新中国成立 100 年时实现社会主义现代化，建成富强民主文明和谐的社会主义现代化国家，在此基础上实现中华民族伟大复兴的中国梦。这是我们党第一次把全面小康放在中国梦的大格局中，把全面小康目标升华成民族复兴的重要里程碑，为建设中国特色社会主义提供了清晰的奋斗目标。

"四个全面"战略布局是习近平治国理政新理念新思想新战

略的核心，是治国理政方略的整体设计，确立了新形势下党和国家各项工作的战略方向、重点领域、主攻目标。全面建成小康社会是涵盖经济、政治、文化、社会、生态各领域的整体性战略目标，是实现中华民族伟大复兴中国梦的关键一步；全面深化改革致力于破除利益固化藩篱，是实现这一战略目标的强大动力；全面依法治国着眼于促进国家生活运行制度化规范化，为全面建成小康社会提供法治保障；全面从严治党致力于保持党的纯洁性和先进性，为全面建成小康社会、全面深化改革、全面依法治国提供政治保证。

同时，"四个全面"战略布局又和"五位一体"总体布局共同构成了治国理政的基本方略，为推进中国特色社会主义建设提供了战略路径。党的十八大提出中国特色社会主义经济建设、政治建设、文化建设、社会建设、生态文明建设"五位一体"的总体布局，确立了夺取中国特色社会主义新胜利的行动纲领。"四个全面"战略布局推进了十八大战略部署，抓住了"五位一体"布局中各项工作的关键环节，明晰了改革发展的主攻方向，共同支撑起中国特色社会主义的发展全局。

党的十八届五中全会明确提出牢固树立"创新、协调、绿色、开放、共享"的发展理念，主动适应、把握、引领经济发展新常态，指明了"十三五"乃至更长时期的发展思路、发展方向。创新是引领发展的第一动力，把创新摆在国家发展全局的核心位置，让创新贯穿党和国家的一切工作，推进科技、文化、制度等各方面创新，引领发展新方向、培育发展新动力、拓展发展新空间。协调发展强调区域协同、城乡一体、物质文明与精神文明并重，强调信息化、新型工业化、新型城镇化、农业现代化同步发展，是形成平衡发展结构、提升发展整体效能的重要保障。绿色发展强调坚持可持续发展，推进美丽中国建设，改善生态环境，为人民提供更多优质生态产品，是实现人与自然和谐发展、永续发展的必由之路。开放发展强调统筹国内国际两个大局，形成全方位开放新格局，是拓展对外开放深度与广度、提高对外开放质量与水平的应然选择。共享发展强调共建与共享统一，使人民在共建共享发展中有更多获得感，这是社会主义本质要求的集中体现，是推动全体人民朝着共同富裕目标稳步前进的基本路径。

习近平总书记指出："中国特色社会主义不断取得的重大成就，意味着近代以来久经磨难的中华民族实现了从站起来、富起来到强起来的历史性飞跃，意味着社会主义在中国焕发出强大生机活力并不断开辟发展新境界，意味着中国特色社会主义拓展了发展中国家走向现代化的途径，为解决人类问题贡献了中国智慧、提供了中国方案。"[①] 在治国理政新理念新思想新战略的指导下，中国道路的发展动力更加强劲、发展内涵更加丰富、发展格局更加完善、发展理念更加科学、发展优势更加彰显、发展成果惠及更多人。这极大地凝聚了我们党以及全国人民对中国特色社会主义道路的认同感，增强了中华民族的民族自尊心、自信心。

三、海外舆论高度关注和评价

习近平总书记系列重要讲话和治国理政新理念新思想新战略展现出来的思想风范和实践力量，树立了中国共产党在世界的良好形象，提升了中国特色社会主义的影响力，彰显了中国的国际地位。最具有代表性的事例就是《习近平谈治国理政》一书在海外产生的强烈反响。自 2014 年 9 月《习近平谈治国理政》发行以来，至今已陆续被译为英、法、俄、阿、西、葡、德、日等20 多个语种，在世界 100 多个国家和地区发行，累计发行上百

---

① 《不断开辟中国特色社会主义发展新境界——五论学习贯彻习近平总书记"7·26"重要讲话精神》，载于《人民日报》2017 年 8 月 3 日第 1 版。

万册，一直受到外媒和国际观察人士的关注。① 海外舆论普遍认为，《习近平谈治国理政》一书增进了世界对于当下中国的理解。其中阐述的中共十八大以来以习近平同志为核心的中国共产党治国理政的新理念、新思想、新战略，则向世界展现了"中国道路"成功的现在和光明的未来，对于许多国家都具有启示意义。有国外知名学者认为："这本书不仅仅是关于治国理政，更重要的是，它代表了一整套的可以用于建立持久秩序的思想体系。世界需要思想体系，以灵活应对各国和世界面临的挑战。"② 中国道路的成就举世瞩目，其理念和实践在海外舆论中的热度也与日俱增。以习近平同志为核心的党中央提出的治国理政新理念新思想新战略在内政外交方面在海外均得到了广泛关注和高度评价。

1. 治国理政新理念新思想新战略全面提升国家治理体系及治理能力现代化水平。

在国内治理方面，海外舆论关注以习近平同志为核心的党中央以广大人民群众的福祉为出发点，提出了"中国梦"的宏伟目标；坚持从严要求抓党建、从严管理抓干部，"着力解决管党治党失之于宽、失之于松、失之于软的问题"，以前所未有的决心和力度打击腐败，取得了突出成效，赢得了党心民心；积极应对中国经济的"新常态"，提出"供给侧结构性改革"这一创造性战略，引领中国社会跨越"中等收入陷阱"，走上实现更高质量、更有效率、更加公平、更可持续发展的必由之路；坚持树立"文化自觉"与"文化自信"，积极落实"文化强国"战略，推动了中国特色社会主义文化事业大发展大繁荣；强调"绿色发展"理念，保障经济发展与生态建设并行不悖。

---

① 《〈习近平谈治国理政〉畅销海外》，载于人民网，http：//cpc. people. com. cn/n1/2017/0612/c64387 -29332299. html。

② 《英国各界人士高度评价〈习近平谈治国理政〉》，载于新华网，http：//news. xinhuanet. com/world/2015 -04/16/c_1114982855. htm。

提出"中国梦"。海外舆论认为，"中国梦"代表了以习近平同志为核心的党中央治国理政的总体目标，代表着当前中国共产党带领中国实现民族复兴的意愿。在这一时期提出"中国梦"，一方面是民族复兴与个人幸福的结合是当下最能够激发中国整个社会的"正能量"，"中国梦"能够最大程度上激发中国民众为美好未来努力的动力。另一方面，"中国梦"也代表着以习近平同志为核心的中共中央对于进一步推进改革的决心和努力。"中国梦"的核心内容是"中华民族的伟大复兴"，但是其内涵是很丰富的，包含经济、政治、军事、文化等许多方面。而且除了体现作为整体的国家和民族力量和地位的提升之外，"中国梦"也包含了作为个体的中国人追求自身幸福和发展的目标。从这点来看，"中国梦"又是微观而具体的。当然也有舆论认为，追求和实现"中国梦"必然导致中国力量和地位的提升，进而会引发亚洲乃至世界格局的变化，这对于当前的国际体系和主导者形成挑战的可能性很大。但是随着中国国力的增长以及世界影响力的不断提升，许多国家对于"中国梦"表现出的中国核心领导层对于进一步推动本国改革和发展的期待表示赞赏，并且也钦服于中国领导人的决心和魄力。

实施"全面从严治党"战略。作为中国特色社会主义事业的领导核心，中国共产党肩负着领导全国人民实现两个伟大复兴的"中国梦"的历史任务。为了更好地承担这一任务，自党的十八大以来，以习近平同志为核心的党中央在坚定理想信念、强调组织纪律、改进作风打击腐败、完善制度建设等方面不断加强，并且将党的建设纳入"四个全面"战略布局，使得党的建设在理论和实践上都达到了一个新的高度。海外舆论认为，本届中共中央为了提升党的执政能力，推进"全面从严治党"战略，首先从改进党员干部的作风着手。具体做法是挖掘利用中共在自身长期建设过程中积累的优秀理论资源，通过出台"八项规定"，推行"群众路线教育实践活动"，以强化对领导干部的作风改进来影响普通党员，以党内作风的改善来取信于社会，提升民众对于执政党的认同。这些措施在内部使得全党上下理想信念更加清晰，目标更加明确；在外部使得公众对党中央的治国理政新理念新思想新战略有了广泛的基本认可，为进一步推进全面从严治党，以及进一步深化改革营造了良好氛围。在此基础上，以习近平同志为核心的党中央开始强化党内政治纪律，通过修订《中国共产党纪律处分条例》，将对于党员干部行为的党内监督细化、明确化，使得全面从严治党更加广泛深入。最终到党的十八届六中全会召开，颁布了《关于新形势下党内政治生活的若干准则》以及《中国共产党党内监督条例》，标志着五年来全面从严治党成果的制度化，这是以习近平同志为核心的党中央推进"全面从严治党"战略的重要成就。

下大决心、大力气打击腐败。反腐败工作是十八大以来以习近平同志为核心的党中央大力推进的重要工作之一，与"全面从严治党"战略一道构成了十八大以来党的建设的重要内容。海外舆论对十八大以来中国的反腐败工作尤为关注，尤其惊叹本届党中央打击腐败力度之强、态度之坚决、成效之显著。外媒普遍认为持续高压的反腐败行动净化了国内风气，提升了中国民众对于党和政府的印象和信心；一定程度上调整了政府、官员和市场的关系，使得中国的经济能够更加遵循市场规律运行，使得中国的国际形象好转。在打击腐败的过程中，中国党和领导人体现了强烈的决心和意志，将打击腐败作为事关党和国家生死存亡的事业来开展，充分利用中国古代廉政思想、党的优良传统等多种思想武器，开创了新的反腐败体制和机制。以上这些都获得了海外舆论的高度评价，被认为是中国对于打击腐败这一各国共同面临问题的重要贡献，值得其他国家学习参考。中国未来的反腐败工作将在继续保持高压态势的同时，与推进"全面依法治国"战略有机结合起来，将打击腐败进一步纳入司法框架之下，同时也与"全面从严治党"战略双向配合，以日常监督为主，多管齐下共治腐败，营造一个"不能腐、不想腐、不敢腐"的党内环境、行政环境以及社会环境。

以"供给侧结构性改革"积极应对经济"新常态"。在改革开放近40年来我国经济取得了举世瞩目的发展成就的同时，国内人民群众需求的变化以及国际经济形势的转变，推动着我国经济结构的转型，对于未来经济增长的动力提出了新的要求。以习近平同志为核心的党中央准确把握了当前中国经济发展的核心问题和规律，适时做出了中国经济将处于"新常态"的战略判断，并且提出了"供给侧结构性改革"这一适应和引领经济"新常态"，促进中国经济实现转型，进而实现平稳健康发展的宏观经济战略。当前，中国已经成为引领世界经济增长的重要力量，中国经济能否稳定发展牵动着世界经济的命运。海外舆论普遍关注中国能否在以往推动经济增长的劳动力、土地、资源等要素都呈现优势明显下降的"新常态"下实现经济转型，由经济高速增长转变为优质的中高速增长。在"供给侧结构性改革"战略出台后，海外舆论对这一战略表示了赞赏，认为这代表了中国党和政府坚持了"社会主义市场经济"这一基本路线，在愈加重视市场的基础性地位和决定性作用的同时，进一步加强并深化宏观调控，尤其是减少政府对于市场不必要的干预，厘清政府与市场、国有与私有之间的关系。为防范可能的经济与金融风险，中国政府尽量缩减了金融杠杆，降低了代表落后产业及产能的"僵尸企业"的金融支持，也在侧面推进了"供给侧结构性改革"。此外，中国政府通过大力推进企业创新、鼓励海外投资等方式改善总的供给结构，提升中国企业的国内外竞争力。总体上，海外舆论认为以习近平同志为核心的党中央通过一系列行之有效的措施，使得中国经济适应了"新常态"，并且从中找到了新的增长点。以"供给侧结构性改革"战略带动的产业结构调整和企业创新将加快转变中国经济的增长方式，实现质量更高的经济发展，继续起到稳定并带动世界经济的作用。

　　强调"文化自信"，推进建设文化强国。中国特色社会主义文化是"我们党和人民在继承中华优秀传统文化、弘扬革命文化和建设社会主义文化的历史进程中，进行文化建设、文化积累和文化提升的历史性成果"。[①] 党的十八大以来，以习近平同志为核心的党中央高度重视提升全党和全国人民的"文化自信"，重视"文化强国"战略的实施。对于中国提出的强调"文化自信"、加强文化事业的发展建设，海外舆论也表示了关注。有海外观察者认为，中国在经历了近40年的发展后，经济实力显著提升的同时，尚未建成与经济实力和国际地位相匹配的文化"软实力"。此外，社会转型带来的文化多元化，对于统一思想以及满足人民群众的文化需求提出了新的要求。在这一局面下，以习近平为核心的党中央认识到了这一问题，在提出"文化自信"理念的同时推进"文化强国"建设，这将是推动中国文化发展繁荣，同时推动社会发展的大好时机。在"文化自信"的理念指引下，中国共产党提出了"社会主义核心价值观"。这一价值观包含了中国特色社会主义文化的各个组成部分的精华，能够最大程度地团结全国民众，树立一致的奋斗目标。中国文化最大的优势在其独特而深厚的历史积淀，以习近平总书记为核心的中国共产党对于中华传统文化的重视，有利于提升世界各国对于中国文化的兴趣，提升中国在世界范围内的文化软实力，展现中国历史悠久、文化深厚的大国形象。在"文化强国"战略的作用下，中国的国际形象切实提升。中国党和政府也顺应了这一形势，加强自身文化"走出去"的行动。中国政府积极鼓励各种类型媒体对外发声，传播正面的中国形象，使得"中国故事"传播得更远、更广、更好，海外对中国的认识更加准确而全面。建设"文化强国"战略的实施同样促进了中国文化产业的发展。

---

　　① 耿超、邢军杰：《以"四个自信"推进中国特色社会主义事业》，载于人民网，http://theory.people.com.cn/n1/2017/0724/c40531-29424150.html。

海外舆论注意到中国党和政府将文化产业建设纳入了"十三五"规划之中，以期通过国家主导的文化建设来增强全国人民的文化认同，同时希望通过文化产业的发展来带动中国经济的发展。中国文化产业力量的增强同样能够有效推动中国文化"走出去"，推动中国与世界的文化交流，这一路径是有效的，但可能会是一个长期的过程。

以"绿色发展"理念推动生态文明建设。拥有天蓝、地绿、水净的美好家园，是每个中国人的梦想，是中华民族伟大复兴中国梦的重要组成部分。然而在相当长时间里，我国经济增长相当程度上是以造成污染和破坏环境为代价的。党的十八大以来，以习近平同志为核心的党中央敏锐抓住了我国生态环境亟须改善，人民群众对绿水青山要求迫切这一现实问题，深刻总结人类文明发展规律，将生态文明建设纳入中国特色社会主义"五位一体"总体布局和"四个全面"战略布局，推动中国绿色发展道路越走越宽广。党的十八大通过的《中国共产党章程（修正案）》，把"中国共产党领导人民建设社会主义生态文明"写入党章，首次将生态文明建设纳入一个政党特别是执政党的行动纲领。习近平总书记在 2013 年提出了"保护环境就是保护生产力，改善生态环境就是改善生产力"①的重要论断，深化了人类对于人与自然辩证关系的认识。"以绿色促发展"成为"绿色发展"理念的核心。对于中国在"绿色发展"理念中体现出的担当和创新，海外舆论给予了高度评价。他们普遍认为以习近平为核心的中共领导层将以坚定的决心推动可持续发展，实现更加均衡的增长和进步。"绿色发展"理念的提出加速构建了中国在实现生态文明方面的制度和治理体系，这预示着中国将把民众的福祉摆在更重要的位置，营造更加优质的生存环境。

---

① 《在海南考察工作结束时的讲话》，载于人民网，http：//theory. people. com. cn/n1/2016/1129/c408256 – 28906304. html。

2. 治国理政新理念新思想新战略提升中国国际地位。

在外交方面，以习近平同志为核心的党中央提出"一带一路"倡议，开启21世纪新全球化模式，着力打造开放、包容、均衡、普惠的区域合作架构，开辟大家携手前进的阳光大道；着力打造以合作共赢为核心的新型国际关系，人类命运共同体的世界新构想，让中国做世界和平的建设者、全球发展的贡献者，为推动人类文明进步提出"中国方案"、贡献"中国智慧"等。

用"一带一路"倡议拥抱世界。中国近40年来的发展成就，是与坚持对外开放、积极融入世界经济体系密不可分的。在当前全球化面临阻碍、贸易保护主义甚嚣尘上的背景下，中国作为全球化的坚定支持者，需要提出进一步推动全球化，同时能够推动建设更加合理的国际经济秩序的"中国方案"。由此，"一带一路"倡议应运而生。"一带一路"倡议提出并稳步实施3年多来，在各方共同努力下，从无到有、由点及面，取得的成果和推进程度超出预期，也得到了海外舆论的热切关注。据不完全统计，境外英文媒体对"一带一路"的报道超过7万篇，各语种专题图书超过百部①。海外舆论对"一带一路"倡议的认识不断扩展深化，热情日渐提升。对于"一带一路"倡议的评价方面，海外舆论普遍认为倡议的内涵深远。"一带一路"倡议的提出和实施，代表着一种全新的国际合作的理念和框架，这一倡议既能够促进经济全球化的发展，也能够加强中国同周边地区的合作，保障地区和平稳定。"一带一路"倡议秉持的"共商、共建、共享"的理念以及开放包容的态度也吸引着沿线国家以及世界各国，海外舆论也大多认为参与"一带一路"倡议将是借助外部资源，实现自身经济发展的重要机遇。相关国家和地区对于"一

---

① 孙敬鑫：《认识"一带一路"倡议的八个维度》，载于中国网，http：//opinion．china．com．cn/opinion_8_165008．html。

带一路"的积极态度也宣示着"一带一路"倡议的光明前景，海外舆论认为"一带一路"倡议继续深入推进将为全球化引领新方向、注入新内涵、提供新机遇，也必将谱写新的篇章，是中国对于全球化的独到贡献。

以积极有为的外交提升中国大国地位。党的十八大以来，以习近平同志为核心的党中央准确把握国际形势的新变化以及对中国提出的新挑战，统筹国内国际两个大局、统筹发展安全两件大事，以积极进取、奋发有为的姿态开展中国特色大国外交。在保持我国外交大政方针稳定性和连续性基础上，把继承与创新、坚持与发展有机结合起来，深入推进中国特色大国外交理论与实践创新，提出一系列重要新思想新理念新举措，为新时期中国外交确立了行动指南，开创了中国外交的新特色、新风格、新气派。中国的全球伙伴关系网络日渐成型，中国正大步走向世界舞台的中央。对于中国在对外交往上体现出的新特点和新举措，海外舆论多有关注。海外各界认为习近平主席主导的中国外交果敢自信、开放大器，体现了领导人的外交智慧，以及领导核心对于国际形势和民众期望的敏锐捕捉。中国的发展意味着中国能够在周边及国际舞台上有更多作为，同时也要求中国要在国际舞台上有更多作为，这体现了国内民众和国际形势的双重意愿。在这一基本判断基础上，习近平主席提出了构建"新兴大国关系"，开创了大国外交的新模式；打造"人类命运共同体"的理念进一步阐发了合作共赢的国际关系理念，向世界充分展现了一个和平的、负责任的发展中大国形象。此外，海外舆论还指出，中国在国际舞台上的积极作为也是为了维护中国的国家利益。随着中国的不断发展与对外交流的增加，中国的国家利益也扩展到国境之外。中国在地区政治上和国际政治上提出新倡议，开展新合作，背后也是自身的国家利益诉求，意图改变以往不合理的地区和国际秩序。总体而言，自十八大以来习近平主席主导的中国外交体现出了明确的目标和务实的行动，也强化了顶层设计，体现出了完整性。这些理念和举措也将促进中国的国际地位和作用不断提升，为世界和平、发展与繁荣做出更大贡献。

为推动全球可持续发展做出贡献。海外舆论对于中国在推动《巴黎协定》，遏制全球气候变暖的不懈努力做出一致好评，认为这体现了中国对于全球环境保护的重要作用，同时也表明了中国在合作应对全球环境问题上的积极态度。在坚定的"绿色发展"理念和切实有效的行动的共同作用下，中国的环境状况显著改善，并且有望成为引领世界生态文明建设的重要力量，如同中国在经济领域做到的那样。

四、鲜明独特的执政风格得到海外高度赞誉

党的十八大以来，以习近平同志为核心的党中央带领全国人民奋发图强、励精图治，开创了中国特色社会主义事业新局面，形成了鲜明独特的执政风格。习近平总书记以强烈的历史担当、坚定的信仰信念、非凡的改革气魄、积极进取的外交风范，在改革发展稳定、内政外交国防、治党治国治军等方面带领全党全国各族人民取得了一系列具有重大现实意义和深远历史意义的成就，实现了党和国家事业的继往开来，赢得了全党全军全国各族人民的衷心拥护，受到了海外舆论的高度赞誉。

坚定的信仰信念。海外舆论认为，习近平主席对中国特色社会主义道路、理论体系和制度充满信心，在系列重要讲话和治国理政新理念新思想新战略中始终贯穿了"中国特色社会主义"这个主题。他在多个场合强调，学习贯彻落实党的十八大精神的核心就是毫不动摇坚持和发展中国特色社会主义，他认为："中国特色社会主义，是科学社会主义理论逻辑和中国社会发展历史逻辑的辩证统一，是根植于中国大地、反映中国人民意愿、适应中国和时代发展进步要求的科学社会主义，是全面建成小康社

会、加快推进社会主义现代化、实现中华民族伟大复兴的必由之路。"① 习近平总书记对信仰信念的追求还集中体现在党建工作中。他要求共产党员尤其是党员干部要做共产主义远大理想和中国特色社会主义共同理想的坚定信仰者和忠实践行者，因此，他在反腐败斗争中态度坚决，毫不留情，为的就是建立一个追求高尚理想的纯洁的执政党。

强烈的历史担当。在 2012 年十八届中央政治局常委同中外记者见面时，习近平总书记就提出新一届中央领导机构成员应该肩负起三个责任："对民族的责任，体现在要团结带领全党全国各族人民，继续为实现中华民族伟大复兴而努力奋斗，使中华民族更加坚强有力地自立于世界民族之林，为人类作出新的更大的贡献。对人民的责任，体现在要团结带领全党全国各族人民，继续解放思想，坚持改革开放，不断解放和发展社会生产力，努力解决群众的生产生活困难，坚定不移走共同富裕的道路。对党的责任，体现在坚持党要管党、从严治党，切实解决自身存在的突出问题，切实改进工作作风，密切联系群众，使我们党始终成为中国特色社会主义事业的坚强领导核心。"② 这种担当意识也进一步体现在治国理政实践中。2014 年 2 月 7 日在索契接受俄罗斯电视台专访时，习近平总书记特别指出："我的执政理念，概括起来说就是：为人民服务，担当起该担当的责任。"③ 海外舆论认为，习近平主席在治国理政实践中体现出强烈的担当意识，展示了"前所未有"的领导力风格，当代中国各领域的重大变化与其领导风格影响下的顶层设计息息相关。

非凡的改革气魄。改革开放是一场深刻革命，习近平总书记

---

① 《毫不动摇坚持和发展中国特色社会主义》，收录于《十八大以来重要文献选编》（上），第 21 页。
② 《人民对美好生活的向往，就是我们的奋斗目标》，收录于《十八大以来重要文献选编》（上），第 69～70 页。
③ 《人民日报》2014 年 2 月 9 日。

具有攻坚克难的现实决心和无畏勇气，勇于深化改革，敢于迎难而上。他积极推进的是一场系统性的、深刻的改革："从形成更加成熟更加定型的制度看，我国社会主义实践的前半程已经走过了，前半程我们的主要历史任务是建立社会主义基本制度，并在这个基础上进行改革，现在已经有了很好的基础。后半程，我们的主要历史任务是完善和发展中国特色社会主义制度，为党和国家事业发展、为人民幸福安康、为社会和谐稳定、为国家长治久安提供一整套更完备、更稳定、更管用的制度体系。这项工程极为宏大，零敲碎打调整不行，碎片化修补也不行，必须是全面的系统的改革和改进，是各领域改革和改进的联动和集成，在国家治理体系和治理能力现代化上形成总体效应、取得总体效果。"习近平总书记还提出："改革开放只有进行时没有完成时。没有改革开放，就没有中国的今天，也就没有中国的明天。改革开放中的矛盾只能用改革开放的办法来解决。"① 海外舆论认为，正是习近平主席推进全面改革的坚定决心保障了国家改革事业有力推进，习近平主席的英明领导是改革成功实施的重要保障。

积极进取的外交风范。海外舆论认为，党的十八大以来，以习近平同志为核心的中国共产党准确把握世界格局演变和发展大势，创造性地提出了一系列外交重大战略思想，开创了中国特色大国外交的新局面。习近平主席站在时代潮头，把握历史方向，为国家和人民的利益积极进取，开拓创新，他对中国在世界发展中的角色定位是"和平发展的实践者、共同发展的推动者、多边贸易体制的维护者、全球经济治理的参与者"。为以更加积极的姿态参与国际事务，习近平主席提出了一系列新思想和新理念，比如建立以合作共赢为核心的新型国际关系、共同构建人类命运共同体、"一带一路"倡议等，构建了覆盖全球的伙伴关系网

---

① 《改革开放只有进行时没有完成时》，收录于《十八大以来重要文献选编》（上），第69页。

络，开启了中国新一轮对外开放与互利合作的历史新篇，为国内发展营造了有利的外部环境和战略支撑。

综上所述，海外舆论普遍认为，党的十八大以来，以习近平同志为核心的中国共产党坚持中国特色社会主义的理论和道路，从历史与世界两个维度准确把握了当前中国的发展阶段和使命，实现了既定的发展任务，并且向着更宏伟目标迈进。中国的发展与仍受到经济、金融危机影响而至今仍处于经济萧条与社会动荡之中的情况形成鲜明对照，这证明了中国道路的成功。中国道路的成功不仅属于中国，也属于世界，它为世界发展带来新的机遇，进一步丰富了世界文明的多样性，对人类文明的发展具有重要意义。由此，"中国道路"的理论和实践也会越来越受到全世界的关注和研究，也将得到越来越多国家的参考。这是中国特色社会主义理论和"中国道路"为21世纪、为人类做出的重要贡献，值得铭记。

第二章

"中国梦"：世界瞩目

2012年11月29日，习近平总书记在参观"复兴之路"展览时提出民族复兴的伟大"中国梦"，不仅在中华儿女心中激起了强烈共鸣，也引起了国际舆论的极大关注，纷纷从各个角度对中国梦进行分析解读，不同国家和地区的解读角度既有相同之处，也有一些差异，绝大多数的研究和评论关注三个方面：中国梦的内涵、中国梦提出的深层考虑、中国梦对世界的影响。

一、中国梦内涵丰富

对于中国梦的内涵，一些海外评论将其与民族复兴、爱国主义、强军梦等内容联系在一起，有些分析甚至以此作为"中国威胁论"新例证，还有海外研究和评论认为中国梦的理解应是多维的。

1. 民族复兴。

部分评论强调中国梦首次提出的场景，是在国家博物馆的"复兴之路"展览上，十八大新当选的习近平总书记与其他政治局常委一起参观了该展览，提出要实现"民族复兴"的"中国梦"，因此认为中国梦具有强烈的民族复兴内涵。英国《经济学人》2013年5月4日的《追求中国梦：习近平的愿景》文章、英国广播公司（BBC）2013年6月11日的评论《"中国梦"的政治棱角》、印度《经济与政治周刊》2013年9月21日曼诺朗·简·莫汉梯（Manoran Jan Mohanty）的文章《习近平与"中国梦"》等都强调了这一点。《经济学人》2013年5月4日的另一篇评论《习近平与"中国梦"》认为，"中国梦"带有强烈的感情诉求，不同于一般冰冷理性的政治口号，这种强烈的感情就是民族感情。美国《华尔街杂志—东方版》2013年3月13日发表题为《对习近平来说，"中国梦"是军事强国》的文章，文章引用习近平总书记在海口视察海军舰队时的讲话，"中国梦就是强国梦，对于军队来说，就是强军梦"，因此认为中国梦是带有强军色彩的民族梦。

法国《世界报》记者布里塞·佩德罗莱迪在其题为《"中国梦"的缔造者习近平当选为中华人民共和国新任主席》的文章中认为，习近平主席在观看"复兴之路"展览、纪念宪法公布实施30周年大会、视察海军"海口舰"等若干重要场合所阐释的"中国梦"，归纳起来就是要追求经济繁荣、司法公正和军事强大。

法国作家、中国问题专家、法国《十字报》"亚洲版"负责人多里安·马洛维奇在其题为《习近平的"中国梦"》的文章中指出，中国新任国家主席未来十年的施政纲领是建立在爱国主义、国家繁荣和国家主权这三大要素基础之上的，这也是"中国梦"的主要内容。他认为，习近平主席特别强调了必须坚持中国特色社会主义以实现中华民族复兴的中国梦，因为只有加强民族统一才能应对中国所面临的挑战，而爱国主义将有利于加强民族统一。习近平主席还强调，建立一支强大的军队是非常迫切且必要的，只有这样才能捍卫国家主权，保护人民安全。这是"中国梦"所释放的主要信号。

2013年8月3日的法国《快报》刊登文章，认为"中国梦"

包含经济繁荣和军事强盛两方面内容，并指出，经济繁荣主要是对中产阶级做出的承诺。习近平主席明确提出，到 2021 年中国共产党建党 100 周年之际实现全面建成小康社会的目标，届时中国将超过美国成为全球第一大经济体。习近平主席还提出，到 2049 年新中国成立 100 周年之际实现建成富强民主、文明、和谐的社会主义现代化国家的目标，届时中国在军事领域同美国之间的差距将得以填补。中国人民解放军的现代化速度之快也超出了美国的想象，中国的强国之梦在西方人眼中有"不适感"，对中国与有领土争议的邻国的关系"感到担忧"。"中国梦"的提出对中国人而言是一次民族复兴的号令。

德国《世界报》2013 年 6 月 6 日发表约翰尼·埃尔林的《中国国家主席习近平为人民确定了一个梦》，文章将中国梦解读为中国将摆脱发展中国家状态，在经济、政治和军事上超过美国，成为世界大国。德国对外经济研究所认为，中国在谋求世界大国的道路上前进，将打破美国独大的地位。

2. 多义而动态。

部分评论认为中国梦的内涵是丰富多样的，而且会随着世情国情的变化而适时调整，如美国《国家》杂志网站 2013 年 8 月 1 日发表苏特希查伊·尤恩（Suthichai Yoon）的文章《中国梦：究竟是什么意思》就持这种观点，该文认为，对于官员来说，中国梦更多地意味着国家富强和民族复兴，对于普通民众来说，中国梦更多地意味着更好的教育、医疗、环境，安全的食品，清廉的政府，个人权益受到更好的保障等。

法国《世界报》资深记者阿兰·弗拉尚在其撰写的《奥巴马与神秘的习近平》一文中提到，"中国梦"的全部内涵尚不明确，但根据对习近平主席讲话的理解，"中国梦"应该包括经济繁荣和军事强盛两层意思。在经济繁荣方面，预计中国将推动深层次经济改革；在军事强盛方面，主张维护中国在南海的领土诉求。不过，与美国在太平洋地区所表现出的尚武态度不同，中国在国际舞台上则温和内敛。中国虽然目前已然成为强国，但从不逞强出头，奉行不结盟原则，很少有同盟伙伴。尽管中国民众中常常发表民族主义情绪和言论，但是从未表现出要在政治上位居主导地位的意愿，这与其经济实力所具有的地位并不相称。

俄通社—塔斯社记者 2013 年 3 月 20 日的报道称，习近平主席提出的"中国梦"将成为团结中华民族的主旋律。俄罗斯特命全权大使、中国问题专家、上海合作组织事务原总统特别代表（1998—2006）维塔利·沃罗比约夫接受媒体采访时称，在"中国梦"里，每一个中国人都有自己的梦想，但是中国梦的最主要目标是建设伟大的国家，个人的权利和自由很重要，但是首要的还是共同富裕，从而建成强盛的国家。

还有评论认为中国梦的内涵不是静态的，中国梦的内涵可能随国际国内形势的变化而作出适时的调整。美国《华盛顿邮报》2013 年 6 月 3 日发表弗雷德·海尔特（Fred Hiatt）的评论《习近平的"中国梦"会包括法治吗?》，文章认为中国梦的内涵取决于领导人的选择和意志，但是领导人的选择是由包括国内因素与国际观感和反应在内的许多因素所形塑的。文章认为，如果中国梦的目标是使中国得到世界各国的尊敬，那么仅仅有经济发展的成就还不够，中国梦还将包含法治的因素。

3. 继承了中国文化传统。

也有国外媒体认为中国梦是中国文化的复兴，如德国《法兰克福汇报》2013 年 3 月 18 日发表的马克·西蒙斯的文章《习近平的文化政策：睡梦中的中国醒来了》，认为中国梦是一种文化政策，是为了赢得软实力。习近平主席在表述中国复兴时，提出要传播"中国精神"。此外，该报还认为中国梦的实质虽然是爱国主义，但中国在其历史上的伟大时代是一种文明实体而不是近代意义上的民族实体，因而，中国的复兴应该是一种文明的复兴，而不是狭义民族主义的复兴。

韩国朝鲜大学哲学系教授李哲承则从中国梦与中国传统哲学的关系对两者进行了分析，他认为，习近平等中国领导层为中华民族伟大复兴而强力主张的"中国梦"，是指实现国家富强、民族振兴、人民幸福等，设定在中国共产党成立100周年的2021年和新中国成立100周年的2049年分别完成小康社会、大同社会的目标。这种"中国梦"思想将中国式社会主义哲学与传统的儒家哲学有机地结合起来。他指出，包括大同思想在内的儒家哲学与"中国梦"思想有很深的关联。当今世界，人类文明无论在物质还是精神方面都取得了巨大进步，特别是物质的极大丰富是古代世界完全无法想象的。同时，当代人类也面临着许多突出的难题，例如，贫富差距持续扩大和金钱万能主义的蔓延，利己主义膨胀，社会诚信不断下降，伦理道德每况愈下，人与自然关系日趋紧张，等等。要解决这些难题，需要发挥人类历史上积累和储存的所有智慧和力量，而儒家思想在解决这些问题方面可以做出贡献。由习近平等当代中国领导层强力主张的中国梦思想，起到了与分别要在2021年和2049年实现的小康社会和大同社会建设的具体目标相契合的理念作用。"[①]

日本学者加茂具树在布鲁金斯学会2014年12月9日"中国作为一个大国的复兴：美日视角比较"研讨会发言提出，习近平对于儒家文化十分欣赏，甚至认为儒家文化能够引领中国道德的前进，成为"中国梦"的精神力量之一。

4. 包含美好的个人梦想。

美国《纽约时报》2013年5月6日发表克拉丽莎·塞巴格-蒙蒂菲奥里（Clarissa Sebag - Montefiore）的评论文章《中国梦与

---

① 《现代中国的"中国梦"思想与儒家哲学》，载于《国外理论动态》2015年11期，｛韩｝李哲承著、林海顺译。

美国梦不是一回事》，引用习近平总书记的讲话，实现中国梦"要实现国家富强、民族复兴、人民幸福"。《他改变了中国：江泽民传》的作者、著名国际投资人罗伯特·劳伦斯·库恩（Robert Lawrence Kuhn），2013 年 6 月 6 日在《纽约时报》发表《习近平的中国梦》，文章认为，"中国梦"就是要完成"两个一百年"的目标，这两个目标都包含使每个中国人生活水平大幅度提高的内容。

在中国生活了 20 多年的俄塔社北京分社社长、中国问题专家基里洛夫谈到"中国梦"时表示，中国人怀有梦想，渴望民族复兴，渴望过上更好的生活。在成功进行改革开放 30 多年后，中国梦成为整个国家的梦想。不仅如此，当前全世界都对中国各个时期思想家的言论表现出极大的兴趣，中国梦将超越单纯的中国边界，在全球化时代成为人类希望的一部分。同时，中国梦也是多维的，包含了个人的梦想，国家的梦想将由众多个人愿望结合而成，只要他们的愿望与民族复兴的总体目标一致。

二、中国梦深谋远虑

关于为什么提出中国梦的问题，国外的评论主要认为有两个原因，一是为了增强凝聚力、鼓舞士气，二是为了推动改革。

1. 增强社会凝聚力。

持这一观点的评论人士一般认为中国梦的主要内涵是民族复兴，认为民族复兴是现阶段能够凝聚中国社会各阶层的主要思想，而且可以鼓舞士气，让中国人看到希望，对未来充满憧憬。

库恩在《纽约时报》上发表的《习近平的中国梦》一文中认为，中国面临诸多内部压力，特别是在一代人的时间里出现了两极分化的现象。另外，一个日趋复杂的社会可能会从多处出现裂痕，污染、腐败、医疗卫生、住房、农民工、收入、犬儒主义、价值观的改变等严重问题都可能使社会分裂。只有民族复兴能够引起整个中国社会的强烈共鸣，带来足够有力的社会凝聚力。罗素·雷格·莫西斯（Russell Leigh Moses）于 2013 年 4 月 3 日在美国《华尔街日报》网站"中国实时报"栏目发表《如今更加尖锐，习近平的'中国梦'意味着与过去不同》也表达了类似的观点，文章认为，中国梦的社论强调近代中国受到外国列强的侵略，过去虽然也有文章暗示，但是没有如今这样直接和强烈。强调民族复兴和爱国主义是为了弥合分歧，动员全党和全社会的力量，齐心协力支持领导阶层的改革新动议。英国《星期日每日电讯报》2013 年 3 月 17 日发表了记者摩尔（Malcolm Moore）题为《习近平提出"中国梦"》一文，文章认为随着中国的中产阶级不断壮大，公众的要求也不断上升，促使中国共产党开始重新写一个能继续将 13 亿人团结在一起的新故事。彼得·福特（Peter Ford）于 2013 年 7 月 26 日在美国《基督教科学箴言报》上发表的《解码习近平的"中国梦"》认为，中国梦的提出是为了激励人民，给人民希望，从而增强党的威信和领导。英国广播公司记者琳达于 2013 年 7 月 8 日发表《"中国梦"是否像 60 年代的美国梦》，文章认为 20 世纪 60 年代"美国梦"的概念盛极一时，然而中产阶级在经历了被喻为"黄金时代"的高增长十年后，正面对一个看上去不甚美好的未来。对中国而言，现在也是一个转折点。21 世纪头一个十年见证了中国经济的强劲增长，这一增长将中国人均收入提高到中等水平，开始面临可能出现"中等收入国家陷阱"的问题，为了解决这个问题，需要鼓励年轻一代追求更好的生活，并通过不断"推陈出新"来实现。换言之，要鼓励他们追求"中国梦"。

2. 进一步推动改革。

英国《金融时报》亚洲版主编戴维·皮林（David Pilling）

于 2013 年 4 月 24 日发表题为《习近平要表明他能实现中国梦》的文章，认为中国必将实施深度经济改革，因为这是形势的要求。过去可以在现有经济模式下向前发展，但是如今，无论是中国国内还是国外，几乎所有人都认为中国经济必须进行根本性的改革。库恩在《习近平的中国梦》中认为，中国的新领导人既是改革者也是民族主义者，因为只有成为民族主义者，才能成为一名改革者。他提醒美国的政策制定者，必须理解中国新领导人的民族主义。只有这样，这个处于统治地位的超级大国与那个崛起的超级大国相会时，双方才都会受益。

一些日本学者和媒体认识也几乎相同。他们从中国国内社会发展面临的问题出发，认为中国梦提倡的是爱国主义，最终目的是为了进一步推动国内各领域的改革。日本贸易振兴会亚洲经济研究所的佐佐木智弘认为，中国梦关系到中国共产党执政的长期性问题，中国梦的提出是要将中华民族团结起来，是共产党致力于增强向心力的一种体现。2013 年 3 月 18 日的《东京朝刊》指出，"习近平主席的演说显示出新的领导集体对贪污腐败、地区经济发展差异、环境恶化等现状的担忧，力图用强调爱国主义和国民团结的方式来凝聚人们对新领导集体的向心力"。2013 年 4 月 23 日，日本放送协会电视台组织的"从中国梦看中国社会的深层问题"专题讨论中指出，"中国梦提出的爱国主义，是中国共产党面对问题时要求向心力的表现方式。这几年中国经济发展虽然取得了巨大成就，但另一方面老龄化、计划生育引起的人口问题、经济发展差距、环境污染、三农问题为代表的贫困、长期的贪污腐败、经济泡沫等问题都成为中国面临的主要问题。为解决这些问题，共产党需要进一步推动改革，重新构筑向心力，中国梦于是应运而生。"

三、中国梦国际影响广泛

国际社会除了关心中国梦对中国内部经济政治发展的影响，也十分关注中国梦的实现对各国经济政治发展的影响。一个显著的特点是，由于各自利益不同，不同国家和地区关注中国梦对其影响的角度也不一样，所作评论的取向区别很大。

1. 许多国家充满了期待。

哈萨克斯坦驻华大使努·叶尔梅克巴耶夫 2013 年 6 月 19 日在"哈萨克斯坦'2050 战略'及中哈关系"圆桌会议、8 月 29 日在人民网"强国论坛"与中国网友在线交流时都表示，哈萨克斯坦"2050 战略"与中国的"中国梦"是一致的和互补的，都是旨在提高人民的生活水平和国家的实力。

哈萨克斯坦著名学者杜·马西姆哈努雷 2013 年 9 月 4 日在哈萨克斯坦《埃格蒙报》上发文称，中国在每一个历史阶段都有自己的梦想和目标。中国新领导人提出的"中国梦"的崇高目标是，让中华民族华丽地屹立于世界舞台。全世界的政治家们都在注视北京的行动。整个世界都在关注中国的每一个政策变化。新的领导集体上任以来，中国出现了许多新的变化：政策更亲民，深化改革，提高人民的生活水平，提高产品质量，提升国防力量，加强军队纪律，反对浪费等，这是实现"中国梦"的基本条件。"中国梦"是让中国成为发达的和强大的国家，实现中华民族的繁荣。这是一个强大国家的梦想，也是世界的梦想。毫无疑问，中国将实现"中国梦"。"中国梦"也注重与他国的关系，与他国一道发展，是一个带动全人类发展的规划。

吉尔吉斯斯坦总统阿塔巴耶夫在习近平主席 2013 年 9 月访问吉尔吉斯斯坦并出席上合组织峰会之前接受媒体采访时表示，习近平主席提出的治国方略"中国梦"也包括中国同周边国家，如中亚国家和吉尔吉斯斯坦发展睦邻友好关系。

路透社 2013 年 3 月 20 日发表了对政治风险顾问公司欧亚集团（Eurasia Group）总裁伊安·布雷默（Ian Bremmer）的采访，题为《习近平梦想中国崛起》，文章认为，中国梦与美国梦一样，都是去除孤立主义的爱国主义。如果中国想要成为世界上最强国家之一，那么必须抛弃对外交事务的孤立主义态度。随着金融危机导致西方的停滞和衰退，中国必将承担更多的国际责任和义务。

澳大利亚的《澳大利亚人报》2013 年 6 月 13 日发表了罗文·卡里克（Rowan Callick）的文章，认为澳大利亚从中国的快速经济增长中获得了很大的利益，但是澳大利亚人起初并没有准确预计到中国的增长能够如此之快，对澳大利亚商品的需求如此之高，因此澳大利亚与中国的关系发展是缺乏规划的。澳大利亚要继续从中国的发展中获得更大的利益，就要了解中国的需求和走向；要了解中国的需求和走向，就要从理解"中国梦"开始。澳大利亚必须瞄准那些被中国认为有比较优势的领域，包括高质量的食品、教育、旅游、机械、商业服务，等等，唯其如此，澳大利亚才能获得比仅仅盯住矿产导向模式大得多的利益。文章呼吁澳大利亚人从中国梦中获得深度的信息和准确的判断。

德国《萨克森报》2013 年 3 月 17 日发表报道《什么是"中国梦"》，文章指出，中国梦的提法影响了国际上一些话语的变化，美国国务卿约翰·克里在其访问北京之后不久提出了"太平洋梦"，甚至瑞士联邦主席于利·毛雷尔也提出了"瑞士梦"。这表明"梦"的话语和提法有积极效果。这一话语和提法表现的不是抽象的政治意识或概念，而是一种与普通人的日常生活息息相关的经历。

2. 有的国家表现出一定的防范心理。

一些日本学者从对外关系的角度解读中国梦，表现了对中国梦的担心。东京大学中国外交政策专家川岛真认为，中国梦的提出显示了中国领导人对实现民族伟大复兴的向往，伴随中国梦的提出，韬光养晦的外交方针可能不再受到重视，中国将谋求国际舞台上更多的利益。中国将力图扩大在东海和南海的权益，可能加剧与一些周边国家的摩擦。他同时指出，周边国家对中国梦的理解可能与中国国内的理解不完全一致，周边国家可能有自己的担心。时事评论员田原直树指出，中国现在一直在强化国家海洋局，围绕海洋权益的行动也逐渐升级，不能排除造成冲突的可能。日本电视台指出，"中国梦背景下的海洋强国战略将会对日本和周边国家采取强硬姿态，中日关系的发展还要摸索很长的时间"。日本贸易振兴会亚洲经济研究所的佐佐木智弘从军事的角度解读指出，"中国梦的目标之一是提高在国际上的地位，伴随而来的外交和军事强硬姿态是必然的"。对中国梦的这些解读体现了日本长期以来对中国政治、经济和社会发展的惯性认识思维，包括对中国梦以及对中国崛起的忧虑和困惑。

虽然，各国对中国梦的解读复杂多元，由于视角不同，有些解读对我们有一定的启发和借鉴作用，有些解读与我们的本意和初衷可能不完全一致，也未必都是故意曲解和偏见，而更可能是出于未来不明朗前景的忧虑。因此，在对外传播中国梦的过程中，还需要把自己的事情做好，同时在传播中释疑解惑。①

不难发现，习近平总书记提出的"中国梦"饱含着对中国近代历史的深刻洞悉，彰显了全国各族人民的共同愿望和宏伟愿景，是近代以来中国人最伟大的梦想，为人民开创未来指明了前进方向。中国梦深刻道出了中国近代以来历史发展的主题主线，深情描绘了近代以来中华民族生生不息、不断求索、不懈奋斗的

---

① 感谢吕增奎、付哲、赵超、张志超为本章提供的稿件。

历史。中国梦的提出把全国人民更好地凝结成"命运共同体"、"利益共同体"，必将焕发出共同理想、共同目标、共同事业所具有的强大凝聚力，具有极强的时代背景、现实意义和国际意义。

第三章

全面从严治党：国际社会
高度赞誉

"办好中国的事情，关键在党"。^① 中国共产党成立 96 年来，带领中国人民团结一心、艰苦奋斗，实现了国家独立和民族解放，并且向着国家富强、人民富裕的目标不懈努力。随着改革开放以来中国经济快速发展，综合国力不断提升，中国在国际社会的影响力不断增强。世界各国在惊叹于中国取得的发展成就的同时，作为中国特色社会主义事业的领导核心——中国共产党，也吸引了全世界的目光。在 2011 年中国共产党成立 90 周年时，海外舆论就评论道，"中国日益增加的国际影响力使得国际社会密切关注中国共产党将带领中国走向哪里，是否会继续远航。未来很长时间内，读懂左右中国的中共的里程表不再是选修，而是必修……目前中国共产党发展了 8 000 万名党员，并长期执掌着中国。即便这样，中国的领导人以建党 100 周年和建国 100 周年为时间点，铭记《论语》中的教诲'任重道远'，同时系紧鞋带谨慎前行"。^② 理解中国未来的发展道路，关键就是明确中国共产党确立的发展目标、对现有形势的判断以及对发展方略的谋划。这其中，中国共产党自身的良性发展则是正确判断形势、提出目

---

① 习近平：《在庆祝中国共产党成立九十五周年大会上的讲话》，人民出版社 2016 年版，第 22 页。

② 《中国共产党，好似"顺水帆船"》，韩国《中央日报》2011 年 7 月 5 日。

标和制定方略的保证。

党的十八大以来，以习近平同志为核心的党中央将"两个一百年"的发展目标加以统合，提出了"中国梦"的宏伟发展目标，代表着中国共产党对中国目前及今后的发展目标有了新的认识，从而也对中国的下一步发展，以及中国共产党自身的建设提出了新的课题。"实现党的十八大确定的各项目标任务，实现'两个一百年'奋斗目标，实现中华民族伟大复兴的'中国梦'，必须把我们党建设好。"① 为了在新形势、新目标下加强党的执政能力，更好地经受"四大考验"，克服"四种危险"，加强和改进党的建设就显得越发必要。在这一形势下，以习近平同志为核心的党中央适时提出了"四个全面"战略布局，其中"全面从严治党"成为与全面建成小康社会、全面深化改革、全面推进依法治国并驾齐驱的重要任务。这表明党中央将党的建设提高到了与政治、经济、社会发展建设同等的高度进行统筹思考，体现了以习近平同志为核心的党中央对于加强党的建设，增强执政能力，提升党的纯洁性、战斗性，强化政治纪律和规矩在党的组织和党员干部中的约束力等问题的重视。在党中央开展的一系列教育实践活动、出台的一系列党内规章制度的教育、引导和规范下，十八大以来从严治党取得了显著的成效，也积极推动了其他发展战略的实施。

自十八大以来，全面从严治党与大力整治腐败并行，成为加强和改进党的建设的两个核心内容。反腐败工作主要从个案入手，通过发现并惩处党员干部中的腐败分子，起到纯洁队伍、警示全党的作用。而全面从严治党则重点关注中国共产党在作风、纪律、党内组织生活中存在的问题，通过教育活动和规章制度的建设，来改进全党的作风、纪律性、组织性，同时强化党中央权

---

① 习近平：《在十八届中央纪律检查委员会第二次全体会议上的讲话》，引自《习近平关于全面从严治党论述摘编》，中央文献出版社 2016 年版，第 4 页。

威、以及最高领导集体的核心地位。海外各界对十八大以来中国共产党在加强党的建设、推进全面从严治党方面的各项举措，以及颁布新的党内规章制度，都给予了热切的关注。

从海外媒体对十八大以来党中央在加强党的建设方面出台的活动、方略以及颁布的规章制度和发表的评论来看，总体上对十八大以来党的建设的措施及成就给予了高度赞赏，认为这体现了中共对自身在中国发展建设事业中的作用以及对目前自身面临形势和问题的清醒认识，也体现了中共坚持实事求是、与时俱进的马克思主义路线。自十八大以来，中共在加强党的建设方面经历了从通过配合反腐败工作，开展教育实践活动解决具体作风问题，到明确强化政治纪律，提出"全面从严治党"发展战略，再到出台党内规章制度，将此前从严治党的经验和成果制度化，进而实现从严治党的长效化。上述发展过程体现了过去五年来中国共产党的建设不断深入发展，从具体实现上升到了总体理论，对今后党建工作也具有重要的指导意义。

一、改进作风回归初心

"党员干部中的贪污腐败、脱离群众、形式主义、官僚主义等问题，必须下大力气解决。"① 为了实现这一目标，首要任务是改进工作作风，加强同群众的联系。为此，以习近平同志为核心的党中央颁布了"八项规定"，开展大规模群众路线教育活动，切实改进作风，作为新时期全面推进中国共产党建设的开端。最初，海外媒体对于中共中央在新的社会环境下开展大规模的"运动式"作风建设抱有审慎的观望态度，认为难以治本，也有沦为"走形式"的可能性。但是随着时间的发展，海外媒

---

① 《十八大以来重要文献选编》，中央文献出版社 2014 年版，第 70 页。

体及观察家有感于中共作风的改变，对于以习近平同志为核心的党中央推动的群众路线教育实践活动等作风建设措施抱以赞赏态度，同时也关注在这些教育活动期间、乃至本届中共中央领导集体执政以来被愈加重视和强调的精神资源——中国共产党从革命时期以来传承的优良传统。这种改进作风的方式和思想根基相比于此前表现出了较强的特点，引发了外界的普遍关注。

1. 推进"群众路线教育实践活动"。

群众路线是中国共产党的根本路线，也是中国共产党在长期的革命斗争及社会主义建设事业中发展壮大、取得成功的制胜法宝。在革命时期，中国共产党依靠群众路线取得了胜利，并且凭借群众路线使"民众在许多关键的时刻站在中国共产党一边"①。在新时期新形势下，如何改进作风以便更加密切联系群众，借助群众的力量实现"两个一百年"的发展目标成为摆在中共领导人面前的"新课题"。以习近平为核心的党中央直面这个问题，提出"我们要对作风之弊、行为之垢来一次大排查、大检修、大扫除"，展示出要让党员干部"照镜子、正衣冠、洗洗澡、治治病"的决心。② 本届党中央通过群众路线教育实践活动推进建设，从高层干部扩展到全党，取得了一些引人注目的成绩，有效扭转了党员干部的作风以及群众对中国共产党的印象，同时也为中国更有效地实现其他目标提供了保障。

海外的媒体首先关注中国共产党在高层加强作风建设的努力，具有代表性的就是对 2013 年 6 月下旬政治局会议的评价和分析。外媒称，以习近平为总书记的中共新一届领导集体在北京举行的一次高层会议上进行自我批评，以此为党内其他成员树立榜样，增强公众的信任和信心，此举十分罕见。印度报业托拉斯 2013 年 6 月 25 日报道称，中国共产党中央政治局成员在 6 月 22

---

① 王雅：《"群众路线"运动让中共重塑底气》，多维新闻网，2014 年 10 月 7 日。
② 《十八大以来重要文献选编》，中央文献出版社 2014 年版，第 315 页。

日至 25 日召开的专门会议上进行了批评和自我批评，同时会议之后发表声明称，政治局成员应该做到，要求别人做到的自己首先做到，要求别人不做的自己绝对不做。该报认为，这是中共中央政治局发挥领导作用的基本要求，此外政治局成员也要在改进党的工作作风方面起领导作用。

还有海外媒体认为，从高层干部扩展至全党的群众路线活动的开展标志着"习式执政"进入了新阶段。新加坡联合早报网指出，除了专门召开会议部署改进作风外，本届中央还提出"对各级各部门党组织负责人特别是党委（党组）书记的考核，首先要看抓党建的实效"，考核其他党员领导干部也要加大这方面的权重。党建的实效排在其他任务前，成为党委书记的首要责任，党建责任先于其他任务，这是一项根本性转变。从事实层面分析，中共领导人的选择，是基于他们将中共视为实现中国长远发展目标的利器，是中国实现必要改革的驱动力而不是阻碍。按照这个思路，中国改革与发展的先决条件就是中共发挥作用，习近平不认为确保党的相对纯洁与有效是"不可能任务"，而是必须达成的目标。①

关于推行群众路线教育的目标，海外媒体一般认为是增强党和群众联系的密切程度，同时为其他改革措施做准备。日本《外交学者》网站 2014 年 10 月 9 日刊文指出，群众路线教育实践活动与大规模的反腐败既有区别，又紧密相连。该活动旨在增进党与人民群众的关系，以为民、务实、清廉为主要内容。作为活动的一部分，官员们被要求进行批评和自我批评，对群众深恶痛绝的"四风"问题——形式主义、官僚主义、享乐主义和奢靡之风——进行整改。摆脱官僚主义作风不但是教育实践活动的重要内容，而且还是中国全面经济改革议程的一部分。

---

① 联合早报网：《"习式执政"进入新阶段》，2014 年 10 月 10 日，http：//www. zaobao. com/buyeng/translate/story20141010 – 398526。

　　还有海外评论家对于群众路线如何能够贴近群众，并且保持长效进行了深入分析。既然称之为"群众路线"教育活动，如何"接地气"，让这个运动能够"落地"到群众中去，是中共高层思之再三的问题。如果不能让群众感受到"群众路线"，即便再有底气，再多的高层讲话也是隔靴搔痒，那么通过"群众路线"活动巩固中共的领导带领中国实现"两个一百年"的目的也就如空中楼阁，难以达成。这也是习近平一再强调群众路线运动不能沦为"形式主义"的原因。"接地气"才能更有底气成为中共决策层的共识。此前的群众路线活动还没有到治本的阶段，只能是先治标才能再治本。很多地方官员仅是怕被举报才收敛，监察机制弱化下去，这些官员又会我行我素，因此如何把包括"群众路线"教育实践活动的作风改进理解为中共新时期的强硬制度就相当关键。通过观察，中共的领导核心肯定是在考虑彻底革新当前的官僚体制与规则，建立一种全新的官场模式。但要建立这种颠覆性的新模式，就必须让这种整风效果融入到后备干部中去，卓有成效地传导下去，才能形成一种新的政治文化。对中共本身而言，也只有这样才可能跳出历史上的政治周期律，找到新的生命力。①

　　2. 重新发掘优良传统及理论资源。

　　坚持群众路线，保持良好的工作作风是中国共产党长期以来的优良传统。这种传统也在长期的实践中发展成为中国共产党重要的精神和理论资源。海外媒体及评论家认为，以习近平同志为核心的党中央对于重新利用这些历史上的精神资源来武装当前的中国共产党，通过对于革命精神的不断重温来改进现在党的工作作风是很有必要的，而且也进行了很多具体的尝试。

　　除了对于群众路线的重新强调之外，海外媒体也对以习近平

---

　　① 群众路线网：《外媒："群众路线"运动让中共重塑底气》，2014 年 10 月 12 日，http：//qzlx. people. com. cn/n/2014/1012/c364565 – 25817567. html。

同志为核心的党中央对于中国共产党各方面优良传统的重新发扬给予了相当关注，特别是最能够代表中共革命时期坚强与纯洁的精神资源——长征精神。俄罗斯塔斯社 2016 年 10 月 21 日报道，习近平在纪念红军长征胜利 80 周年大会上发表讲话，呼吁执政党弘扬"长征精神"，同时将长征精神称为"中华民族伟大复兴历史进程中的巍峨丰碑"，实现了"中国共产党和中国革命事业从挫折走向胜利的伟大转折，开启了中国共产党为实现民族独立、人民解放而斗争的新的伟大进军"。这也是中共领导人将长征精神灌注到当今的中华民族伟大复兴事业的一种努力，希望用过去的精神来鼓舞今天同样艰巨的事业。①

海外媒体还关注到习近平总书记本人也通过回归传统的行动方式来提醒全党牢记优良传统，保持先进作风。新加坡《海峡时报》2015 年 7 月 16 日刊文谈到，会议对巩固共产党的地位和象征性有重要作用。当最高领导人参加一个全国性会议时，参会者会十分重视。在此前的群团工作会议中，习近平主席要求参会者组织动员广大人民群众更加紧密地团结在共产党的周围。他解释说，党中央首次召开这样的会议是要解决问题，因为群众组织、青年团等机构存在脱离群众的危险。召开新的会议成为凝聚共产党干部们的手段，同时强调习近平的信念，即坚持党的传统对共产党的存亡以及抵御西方意识形态渗透至关重要。② 美国波士顿大学国际关系与政治科学教授傅士卓（Joseph Fewsmith）也认为，习近平认识到恢复中国共产党早期的纯洁性和纪律性是十分有必要的，因为中共目前仍然肩负着领导人民群众、实现民族伟大复兴的重要使命，其艰难程度不亚于夺取全国革命的胜利，因

① 参考消息网：《外媒：纪念长征胜利 80 周年习近平誓言走好新长征路》，2016 年 10 月 22 日，http://www.cankaoxiaoxi.com/china/20161022/1365921.shtml。
② 张成伟：《习近平对大小会议的青睐》，载于《海峡时报》2015 年 7 月 16 日。

此必须拥有一个如同革命时代那般坚强而纯洁的组织。^① 在评价群众路线教育活动时，也有海外评论家将其与毛泽东时代中共对于"群众路线"的推崇联系起来，认为这是本届中共领导层对于传统理念和行事方式的发扬。

总体而言，海外媒体和学者对以习近平同志为核心的党中央通过重温和挖掘中国共产党过去的精神资源来团结全党、改进作风的做法予以充分肯定，认为这些措施做到了统一思想、团结党员干部，使中国共产党走在正确的路上。泰国正大管理学院工商管理博士邝锦荣认为，习近平所说的"不忘初心"，就是中国共产党要坚持和人民在一起。"中国共产党是中国人民的党，建党以来一直以广大中国人民为基础，永远和中国人民站在一起，血肉不分离。"印度共产党（马克思主义）总书记亚秋里认为，习近平强调党与人民密切的血肉关系，将使中共在建设社会主义和坚持改革开放的同时，抵御来自国内外的不良影响，巩固人民对社会主义制度的信心，不断克服困难取得新成就。^②

二、树立规矩从严治党

"从严治党是中国共产党成立以来一贯的要求，也是中国共产党的优良传统，中国在经济建设方面取得的巨大成就都与中国共产党严格的思想和作风建设紧密相关。"^③ 党的十八大以来，以习近平同志为核心的党中央以作风建设为突破口，以党的群众路线教育实践活动为抓手，以反腐倡廉为动力，逐步推进党的建

---

① 傅士卓：《毛泽东的阴影（Mao's Shadow）》，载于胡佛基金会《中国领导人观察》第43期。

② 国务院新闻办网站：《坚持中国道路　创造中国奇迹——海外专家学者积极评价习近平总书记"七一"重要讲话》，2016年7月5日，http：//www.scio.gov.cn/zhzc/2/32764/Document/1482571/1482571.htm.

③ 《外国政要及专家看中共从严治党》，载于《浙江日报》2016年10月24日。

设。从中央领导同志的率先垂范，到广大党员干部的身体力行，通过不断的实践最终形成了"全面从严治党"的战略方针。"全面从严治党"战略综合了十八大以来中国共产党关于自身建设的总体目标和要求，包含了中国共产党在强化纪律监督、组织作风建设、制度规范完善等多方面的发展方略，目标是"使从严治党的一切努力都集中到增强党的自我净化、自我完善、自我革新、自我提高能力上来，集中到提高党的领导能力和执政能力、保持和发展党的先进性和纯洁性上来"①。

1. 正式提出"全面从严治党"战略。

"全面从严治党"战略是习近平总书记于 2014 年 10 月在党的群众路线教育实践活动总结大会上提出的。作为"四个全面"战略的重要组成部分，"全面从严治党"战略的部署经过了更多思考。以习近平同志为核心的党中央做出"全面从严治党"的战略判断，充分考虑到了中国共产党在实现中华民族伟大复兴的"中国梦"、在全面建成小康社会、全面深化改革、全面依法治国等方面起到的坚强领导作用。"四个全面"战略一提出，就引起了全世界的关注。

美国《国际政策文摘》2015 年 2 月 25 日发表题为《习近平改革方针是中国成熟的标志》的文章指出，继邓小平提出"实现四个现代化"开启了中国的对外开放后，习近平提出的"四个全面"治国政策，意义更为深远。如果说毛泽东思想是中国共产党治国理念 1.0 时代，"实现四个现代化"是 2.0 时代，"中国梦"是 3.0 时代，那么由习近平总书记首次提出的"四个全面"则标志着一个新时代的到来。日本《外交学者》杂志网站 2015 年 2 月 26 日发表以《习近平为实现中国梦描绘宏伟蓝图》为题的文章，分析和阐述了"全面从严治党"与"四个全面"的关系。文章称，"四个全面"的每一点都环环相扣、缺一不可，具

---

① 《十八大以来重要文献选编》（中），中央文献出版社 2016 年版，第 102 页。

有战略性的考虑。全面建成小康社会是实现中华民族伟大复兴的关键一步，而全面深化改革则是完善和发展中国特色社会主义制度的必然要求。全面依法治国和全面从严治党，这两者是实现上述目标的有力支撑。"四个全面"是中国进入新的发展阶段的行动指南，指明了中国迈向全面发展所应追求的目标。德国《世界报》2015 年 2 月 27 日的报道同样认为，习近平这样解读他对"四个全面"的理解：中国应该在"全面建成小康社会"的目标下进行改革并实施依法治国，中国共产党要开展反腐败运动，进行批评和自我批评。

"全面从严治党"是"党在新形势下进行许多具有历史特点的伟大斗争的根本保证"。① 全面从严治党是"四个全面"战略布局的驱动力。为全面建成小康社会，应全面深化改革、全面依法治国，全面从严治党正是这一切之本源，也是实现"四个全面"的正解。海外各界尤其关注"全面从严治党"战略被提升到与其他发展战略并列的地位，认为体现了中国共产党正在加速从严治党的进程，为中国树立崭新的国际形象。

美国《赫芬顿邮报》2015 年 3 月 2 日报道称，"全面从严治党"在"四个全面"中最具创新力。文章指出，此前，中国政府的举措都没有涉及到党内治理的内容，"从严治党"是在国家层面实施的大胆改革。若要实现"四个全面"的战略布局，应特别关注"从严治党"。韩国外国语大学全球安全合作中心主任黄载皓指出，中国共产党能够连续执政 67 年，其正统性正是源于自身的改革。中国共产党现在强调全面从严治党，一是积极应对外部环境变化，需要中国自身壮大能量。中国共产党的执政能力要得到国际社会的肯定，这是中国构筑全球领导力的基础。二是中国共产党领导层也需要正视来自内部的各种挑战。从严治党可以理解为中国共产党自我净化的努力。三是中国共产党长久以

---

① 《习近平关于全面从严治党论述摘编》，中央文献出版社 2016 年版，第 9 页。

来追求民族复兴，为实现国家产业化和现代化做出努力，并将提高人民幸福感和实现小康社会列为发展目标。对于进一步推进全面从严治党，他认为有以下四个关键点：第一，中国共产党要维持自身净化能力。要不忘初心，持续加强党内管理工作，提高党的领导和执政水平，提高预防腐败能力和危机应对能力，维持党的先进性和纯洁性。第二，共产党人要敬畏人民。党员干部是共产党的中坚力量，应言行一致，发挥模范作用，成为改革的正能量。与此同时，要警惕从严治党动力不足、组织纪律松懈，尤其要注意不能远离民心。第三，对干部必须既严格教育、管理和监督，又要建立容错纠错机制，鼓励干部干事创业、大胆作为。第四，中国共产党的发展应坚持以人民为中心的发展思想，净化党内政治生态，树立政治新风。①

美国花旗集团高级顾问，担任美国 CNBC、彭博社等知名媒体评论员的罗伯特·劳伦斯·库恩（Robert. Lawrence Kuhn）博士也认为，"全面从严治党"是"四个全面"中前三个"全面"得以推进和实施的基础。中国共产党的全面从严治党行动有两个基本前提。首先，在可预见的未来，中国共产党作为执政党的地位至关重要。其次，中国必须实现深刻变革，比如经济方面进行供给侧结构性改革，社会方面改善医疗和教育，减少地域差异。如果没有中国共产党明确、一贯和全面的领导，这种转变不可能实现。鉴于国家的体量和复杂程度，中国领导人的每一项重要决定都出于多种考量。有鉴于此，中国共产党全面从严治党主要有以下考虑：首先，全面从严治党能够保证共产党高效地执政管理，做出对公共利益有益的决定，而不是被个人的利益所扭曲；其次，加强纪律能够使共产党赢得公众信任，使人民对党更有信心。全面从严治党非常必要，但还不是全部。更大的挑战是如何

---

① 《让民众对国家更有信心——外国学者眼中的"全面从严治党"》，载于《人民日报》2016 年 12 月 15 日。

使党的纪律制度化，遵守党纪应依靠制度来管理，制度应发挥系统性、一贯性的作用，为改善人民福祉和实现国家复兴不断注入动力。① 老挝国立大学中国研究中心主任波西·占名也评论道，中国共产党把严格党纪当作党的建设的中心任务，在任何时候都坚持走群众路线，这是非常好的。对党员进行严格监督才能够深入掌握情况，使党员、党组织保持廉洁并取得群众信任。

2. 重视政治纪律和规矩。

"纪律不严，从严治党就无从谈起。"② 中国共产党在革命和建设时期的实践经验表明，保证全党在精神、组织和行动上的团结统一，"要靠共同的理想信念，靠严密的组织体系，靠全党同志的高度自觉，还要靠严明的纪律和规矩。"③ 以习近平同志为核心的党中央对于在新形势下严明政治纪律和规矩，促进作风转变、推进全面从严治党的方略也引发了海外各界的关注。海外一些媒体刊文指出，当下中国政治中的一个重要关键词就是"规矩"，尤其是"政治规矩"。中共高层在"雷霆打虎"基础上，针对"庸政懒政"，也明确党规及惩治措施，除了"不敢腐"的震慑之外，对"促勤政"也有一定作用。首先，"以敬民之心行简政之道"，展示改革为民，民享红利；第二方面，整顿官场生态，借机治贪、治庸、治懒、治狂，问责相关责任人。④ 也有海外媒体分析道，随着反腐败逐渐深入，中共加强对党内纪律和监督机制建设的强调，以期党员在没有独立反腐败机构的背景下仍能保持廉洁。或者可以说，中国今天的反腐行动有了新的政治意

---

① 《让民众对国家更有信心——外国学者眼中的"全面从严治党"》，载于《人民日报》2016 年 12 月 15 日。

② 习近平：《在党的群众路线教育实践活动总结大会上的讲话》，人民出版社2014 年版，第 26 页。

③ 习近平：《在第十八届中央纪律检查委员会第五次全体会议上的讲话》，转引自《习近平关于严明党的纪律和规矩论述摘编》，中央文献出版社、中国方正出版社2016 年版，第 6 页。

④ 中新网：《境外媒体：中共严党规促勤政震慑贪腐》，2015 年 5 月 22 日，ht-tp：//www.chinanews.com/hb/2015/05 - 22/7294319.shtml。

义，它意味着对政治规矩的重建。①

2015 年 10 月《中国共产党纪律处分条例》公布后，英国广播公司网站在 2015 年 10 月 22 日的报道中称，中共中央日前印发《中国共产党纪律处分条例》，是对 2003 年旧《条例》的最新修订版。报道称，新条例整合明晰了党员的"负面清单"，对党员干部禁止行为的事实范围进行了调整，内容细化，可操作，不仅告诫党员干部哪类行为不能做，同时提出清晰的处罚依据。政治纪律、政治规矩等以前难以把握，存在模糊地带，此次修订明确列出，可以"对号入座"。新《条例》将旧《条例》中的 10 类违纪行为整合为 6 类：政治纪律、组织纪律、廉洁纪律、群众纪律、工作纪律、生活纪律，并明确列出每一类的"负面清单"，"群众纪律、生活纪律都是旧条例没有的分类方式，各类违纪行为的'负面清单'中补充了十八大以来新发现的问题，包括拉帮结派、搞老乡会、妄议中央等"。

总体而言，国际舆论对于十八大以来中国共产党对政治纪律和规矩的一再强调表示了高度赞赏。海外评论者认为，这表明党中央坚定不移推进全面从严治党的政治决心，体现对症下药、强基固本的政治智慧，为推进党的建设新的伟大工程注入强大动力。"中国共产党系紧缰绳，党和国家机关行动越来越坚定且卓有成效。"② 俄共中央副主席德米特里·诺维科夫（Dmitri Novikov）在接受新华社专访时说，中国共产党是中国社会的领导力量。对中共来说，极为重要的是拥有无可争议的道德权威和政治权威，"巩固党在社会中的领导作用、沿着所选择的道路坚定地走下去，是中国成功的保证。这将有助于中国在建设中国特色社会主义事业中取得新的巨大成就"。肯尼亚内罗毕美国国际关系

---

① 《世界热议中共展示从严治党决心》，载于《人民日报》（海外版）2016 年 10 月 26 日。

② 《世界热议中国共产党重建政治规矩》，载于《南方都市报（深圳）》2016 年 10 月 27 日，转引自 http：//money. 163. com/16/1027/05/C4C4ELH8002580S6. html。

大学教授马查理亚·穆内内说，中国共产党从一大召开时只有几十名党员发展成为现今拥有 8 000 多万名党员的执政党，这一成就举世无双。可以说，中国共产党从成立至今依然保持着良性发展、快速发展的态势，这和从严治党是分不开的。

3. 加强党的组织建设。

"严密的组织体系和强大的组织能力，也是中国共产党的核心领导力量之一。"① 在这一论断的基础上，以习近平同志为核心的党中央对于新时期中国共产党在组织方面的建设发展也给予了高度重视。海外各界在关注中国共产党通过细化党内纪律来贯彻"全面从严治党"战略之外，也关注到了十八大以来中国共产党在组织建设方面的新变化。海外观察者注意到中国共产党在注重发展组织和党员规模的同时更加强调新发展党员的质量，同时在新的社会环境下做到与时俱进，通过运用新的方式强化党组织的建设，并且积极将新的社会领域也纳入党组织的管理范畴之中。

据法新社 2015 年 6 月 30 日报道，截至 2014 年底，中共党员总数比上年增长 1.3%，表明"党的生机与活力不断增强"。中共各级党委在保证发展党员质量的前提下，适当控制党员数量增长速度，转而更强调年轻化和教育水平。

也有海外媒体关注了中共在组织工作制度方面的新发展。新加坡《联合早报》等媒体 2015 年 5 月 30 日报道了由习近平总书记主持的中共中央政治局会议审议通过的《中国共产党党组工作条例（试行）》。这份新条例要求严格执行在全国各种组织领导机关中设立党组的规定。会议重点强调要在社会组织中设立中共党组，这被认为是扩大党组的覆盖面。海外媒体认为，中国共产党要发挥领导核心作用，必须有坚强有力的组织制度保障，因此要在各种社会组织中都设立党组。此举证明共产党急于提高自己

---

① 《十八大以来重要文献选编》（上），中央文献出版社 2014 年版，第 766 页。

在全社会的威信。之所以将在所有组织设立党组这一要求明文规定出来，是因为中共高层认为腐败已成为一个极其严重、亟待解决的问题。许多党员干部公然藐视党规党纪，因此共产党希望树立威信。因此要加强党的团结，尤其是基层组织的团结，并确保相互监督。[1]

中国共产党通过新的技术手段来保障组织活力、团结党员也得到了海外媒体的赞赏。美国《外交政策》网站 2014 年 8 月报道称，中共中央组织部一份内部文件要求广大党员订阅微信和易信上的官方公众账号"共产党员"。开通这两个账号的目标，部分是"开辟党员教育的新阵地"。这种宣传、历史轶事、网络用语及励志小贴士的组合是中共为在中国喧闹的社交媒体上争得一席之地迈出的又一步。[2] 而将组织和阵地扩展到移动社交网络，也显示了中共对党员干部的管理扩展到了日常生活的重要部分，这也能够在更大程度上规范党员干部的思想和行动。

三、团结一致继往开来

在 2016 年召开的党的十八届六中全会上，全面从严治党成为会议的主题，并且发展到了新的高度和广度。习近平总书记核心地位的确立，进一步推动了中国共产党全党团结一心，推进"四个全面"战略布局，实现"中国梦"；通过《关于新形势下党内政治生活的若干准则》，以及修订《中国共产党党内监督条例》，体现出经过四年"全面从严治党"的实践，中国共产党进

---

① 参考消息网：《境外媒体关注中共首提在社会组织中设立党组》，2015 年 6 月 1 日，http://www.cankaoxiaoxi.com/china/20150601/800957.shtml。

② 蕾切尔·卢：《中国共产党刚刚开通微信》，《外交政策》杂志网站 2014 年 8 月 25 日，http://foreignpolicy.com/2014/08/25/the-chinese-communist-party-just-opened-a-wechat-account/。

一步把握了执政党建设的关键点，全面从严治党向着常态化、体系化迈进。作为对十八大以来全面从严治党的阶段性总结和十九大的"风向标"，中共十八届六中全会受到海外各界的关注和热议。他们纷纷发表看法，认为中共十八届六中全会的意义和目标，在于强化中国共产党在"中国特色社会主义"发展过程中起到的顶梁柱作用。新加坡《联合早报》评论称，六中全会的重点是在"治党"，即确定最高领导人的权威，同时制定更加明确的党内生活条例及准则，以进一步维护中央权威、保证团结统一，都属题中之义。中国有着独特的社会管理模式，除法律外，党的纪律也起着很重要的作用。中共通过完善制度，进一步推进全面从严治党意志坚决、意义重大。党纪更严，中国社会系统会越来越成熟，能够建设一个更好的法治社会。这反映出中国共产党能够不断及时自我纠错与修正，不仅体现出这个政党具备强大的生命力与政治魅力，也显示出中共领导人持续加强党建工作的决心与能力。

1. 习近平总书记核心地位的确立。

习近平总书记的核心地位确立可以说是海外舆论对十八届六中全会最深刻的第一印象。对于这一点的解读，海外舆论主要提出了以下观点。

一是目前中国的国内形势要求执政党必须有更强的领导力来推动改革的深化，完成既定的发展目标。

美国《纽约时报》网站在 2016 年 10 月 30 日发表题为《习近平是中国的"核心"领导人：其意义就在于此》的文章称，中国领导人习近平的地位得到大幅提升。中共在十八届六中全会上改称他为"核心"，让他获得与毛泽东和邓小平相当的崇高地位。习近平的最新头衔增强了他塑造中共新领导层的实力。"核心"这个词表明，习近平超越了一般的现代中国领导人，拥有极少数领导人才享有的地位。中国目前正处于经济转型、精简军队和整顿党风的艰巨而长期的斗争中，"习近平的新头衔意味着他在推行政策方面的权威得到加强"。

美国《外交官》杂志网站于 2016 年 11 月 5 日刊文称，习近平的领导核心地位将有助于中国在未来几年中推进改革。目前中国的改革已经进入深水区，意味着将会遇到更多的阻力。在这个重要关头，必要的权力和权威对推进改革是不可或缺的，故而习近平的核心领导地位对中国未来的改革来说非常重要。文章认为，习近平是具有改革思想的领导人，这一点被西方许多评论员和分析人士低估了。西方媒体把重点都放在分析领导人的个人权力，并且在这个模式下，把中国共产党内部的关系想象为一部《纸牌屋》，这实在是一种误解。

日本《每日新闻》2016 年 10 月 28 日评论道，"核心"之所以具有特殊意义，是因为那不单纯是一个称谓，而是经过党中央确认的地位。只有对重要问题拥有最终决定权的领导人才能被称为党的"核心"。日本《朝日新闻》则评论称，中共之所以在十余年后恢复使用"核心"称谓，是因为如今的中国在国内外面临很多问题，要想渡过这个时期，需要进一步保持团结。俄罗斯卫星网 2017 年 3 月 13 日报道，去年 10 月召开的中共十八届六中全会上首次称习近平为"核心"的措辞，在北京目前举行的十二届全国人大五次会议的报告中同样被多次使用。李克强总理在政府工作报告的一开始就指出，党的十八届六中全会正式明确习近平总书记的核心地位，体现了党和人民的根本利益。从各方面看，之所以这样做，是为了表明在各级党政机关严格遵守党的原则的必要性。"从严治党"这一要求，在国家政治精英和百姓的意识中应当是无可非议的。

国际环境的影响也促使中国的执政党希望加强自身凝聚力和行动力，维护国内的稳定发展。英国军情六处前局长约翰·索沃斯（John Sawers）在英国《金融时报》上撰稿称，"核心"的确立是时代的选择。"西方民主模式的吸引力也不同以往了。事实证明，对于很多人而言，权力集中在魅力超凡的个人而非机构的身上更让人信服，我们在土耳其、俄罗斯和印度都看到了这一点"。《印度快报》也认为，"强大的中央领导和先锋人物对正在崛起的世界大国至关重要"。该报同时称，中国媒体最近的调查显示，大多数中国人希望习近平成为强大领袖核心。新加坡国立大学法学院副教授、亚洲法律研究中心副主任王江雨表示，六中全会明确了习近平总书记的核心地位，这是增强自身凝聚力、战斗力和执行力的一次高级别会议。会议也展示出中国共产党在国家治理方面走出了不同于西方的中国模式，即依靠坚强、有领导力、执行力、组织纪律性强的政党来领导国家的整体全面发展。王江雨表示，他非常期待"中国模式"发挥最佳效果，在坚持强有力的中央领导下，保障人民的权益和权利。[①]

2. 从严治党成果制度化。

除了习近平总书记被确立为党中央新的核心之外，海外各界最为关注的自然是六中全会通过的《关于新形势下党内政治生活的若干准则》，以及修订的《中国共产党党内监督条例》。德国《新德意志报》2016 年 10 月 30 日报道，中共党内生活的两个方面成为十八届六中全会的中心议题：一方面是制定新形势下党内政治生活的若干准则，另一方面是修订党内监督条例。这两个方面对改革路线的稳定和延续有至关重要的作用。

法国《欧洲时报》2016 年 10 月 28 日报道称，六中全会公报将从严治党推向中共执政理念一个新的高度。从严治党，通过党纪约束，保持中共执政团队的先进性，通过"自我监督"达到有效治国，是中国特色社会主义道路的重要组成部分。中国正在开展史无前例的经济转型和创新变革，以期建立更加绿色、公平的社会体制。因而，从严治党不但向腐败说不，也要向"不作为"开刀，从上到下建立一个风清气正且能力卓越的执政团队至关重要。西方国家的制度这几年都不同程度上出现"系统性问

---

① 《中共从严治党理念受到广泛赞誉》，载于《经济日报》2016 年 11 月 6 日。

题"，造成经济危机持续，选举劣质化，极右势力扩大，西方输出民主造成全球多区域乱局。而中共则审时度势，励精图治，锐意改革，不断成长。几年来的实践证明，从严治党，已经在重塑官员形象、重新赢得民众信任上，取得难能可贵的成绩。这一经验，不但有益于中国未来发展，也将为世界政治提供新的参照系。

也有一些海外学者对十八届六中全会颁布的新的党内规章出台对未来改革的意义发表了评论。俄罗斯国立莫斯科大学亚非学院副院长安德烈·卡尔涅耶夫表示，这两个文件涉及的是非常严肃的党内管理改革，是改革的关键环节。首先，应该考虑到中共处于新环境中，改革要解决更远大的目标。中国社会在全球化条件下正变得越来越复杂，需要一个新的管理体系。其次，不仅要惩罚失职官员，而且要创造条件，使整个党和国家机器能依照严谨的规则有效运作。用习近平的话说，就是把权力关进制度的笼子里。① 这位观察家认为，全会的决定是向习近平改革新阶段迈出的一步，会触及党的机构以及其他国家机构。想必这些决定在规模和深度方面来看，将毫不逊色于目前正在进行的军队改革。老挝国立大学前政治与行政管理系主任坎皮·南拉姆表示，在当前形势下，维护党中央权威对于国际和平与稳定也有重要意义，可以保证党内团结、统一。同时，坎皮认为，十八届六中全会审议通过的《中国共产党党内监督条例》很重要，如果没有党内监督就没有指导方向。党内监督即意味着监督无禁区，任何人都要严格执行党的规章制度。党内监督具有其必要性、严格性，党内监督无禁区、无例外，才能保证其效力。

综上所述，自党的十八大召开以来，以习近平同志为核心的党中央大力推进中国共产党的建设，取得了显著的成绩，也获得了海外媒体和学者的热切关注和广泛赞誉。以习近平同志为核心

---

① 《外媒热议十八届六中全会》，载于《观察者》网站，2016 年 10 月 30 日。

的党中央清醒地认识到中国共产党面临的复杂环境和肩负的艰巨任务，坚持"全面从严治党永远在路上。"① 习近平总书记强调，"党和人民事业发展到什么阶段，全面从严治党就要跟进到什么阶段。"② 这表明"全面从严治党"将成为中国共产党建设的"新常态"。在颁布的新的党内规章、以及坚持开展的党的建设活动的共同合力下，全面从严治党将进一步细化到党的各个领域、深入到广大党员干部的思想行动之中。全面从严治党的进一步推进将成为中国共产党实现"中国梦"，实现发展目标的重要保障，其自身也将成为中国发展成就的重要一部分。以全面从严治党为代表的中国未来的发展的新成就也会得到海外媒体和学术界持续关注并热切期待，成为国际社会越发重要的议题。而中国共产党自身建设的经验和成就也将会对其他国家的政党产生一定影响，对政党发展建设的理论和实践起到发展完善的作用。

---

① 《全面从严治党永远在路上——学习贯彻习近平总书记在十八届中央纪委六次全会重要讲话精神》，载于《求是》2016 年第 2 期。

② 习近平：《在党的十八届六中全会第一次全体会议上关于中央政治局工作的报告》，转引自《习近平关于全面从严治党论述摘编》，中央文献出版社 2016 年版，第 13 页。

第四章

"打虎拍蝇"：反腐败决心
力度史无前例

党的十八大以来，以习近平同志为核心的党中央从坚持和发展中国特色社会主义全局出发，立足我国发展实际，坚持问题导向，逐步形成并积极推进全面建成小康社会、全面深化改革、全面依法治国、全面从严治党的"四个全面"战略布局。"四个全面"战略布局确立了新的历史条件下党和国家各项工作的战略目标和战略举措，是我们党在新形势下治国理政新理念新思想新战略的重要内容，是事关党和国家长远发展的总战略。实践证明，协调推进"四个全面"战略布局，是把握发展机遇、赢得发展新优势、战胜各种风险挑战的必然选择，是实现"两个一百年"奋斗目标和中华民族伟大复兴中国梦的重要保障。[①]

没有清正廉洁的政府，就无法实现"四个全面"战略布局的宏伟目标。深化司法改革是推进中国现代化建设、建立社会主义法治国家的重要支撑和有力保障。开展反腐败斗争是党中央"四个全面"战略布局中"全面从严治党"的核心组成部分。全面从严治党，正风肃纪力度前所未有，腐败蔓延势头得到有效遏制。中国积极的、持续的反腐败工作及司法改革力度之大，行动

---

① 李朴民：《协调推进"四个全面"战略布局（治国理政论坛）》，载于《人民日报》2017 年 4 月 6 日。

态度之果决，引起了国际社会的高度关注。海外智库学者、政要、媒体工作者及在华投资者等对中国腐败现象的原因和特点进行了分析，对反腐败的成效给予高度赞誉，并提出了一些相关建议。

一、严惩腐败乃民心所向

"如果腐败得不到有效惩治，党就会丧失人民群众的信任和支持"①，民心是最大的政治，正义是最强的力量。社情民意是观察政治问题的晴雨表。反腐败增强了人民群众对党的信任和支持，人民群众给予了高度评价。反腐败斗争顺党心、合民意，有着广泛和坚实的政治基础和群众基础。② 由此，以习近平同志为核心的党中央在新的历史时期下，坚定不移地持续开展大规模的反腐败斗争，"让正风反腐给老百姓带来更多获得感"。③ 从海外智库发表的报告、海外媒体对中国的报道以及中国媒体对国外政要及投资者的采访中发现，海外学者从经济、政治、社会、历史等方面对反腐败的背景及原因进行分析，普遍认为在当前阶段，中国开展大规模反腐败工作势在必行。

1. 腐败多发阻碍经济持续发展。

一些海外学者从英美国家的经济社会发展的经验出发，对中国和西方经济发展的阶段进行比较，认为中国目前处在腐败现象高发的阶段，腐败的范围较大并且对国家经济和金融的危害十分严重，腐败现象存在周期性，目前中国腐败现象多发有其个中

---

① 江泽民：《中国共产党怎样解决作风建设问题》http：//theory. people. com. cn/n/2014/0603/c385524 - 25097647. html。
② 《习近平总书记重要讲话文章选编》，中央文献出版社、党建读物出版社2016 年版，第362 页。
③ 同上，第361 页。

原因。

2012 年 12 月 13 日，美国《华尔街日报》刊登了题为《研究：中国腐败程度不及美国当年》（*Study*：*China's Corruption Doesn't Match Gilded – Age America*）的文章，作者是美国乔治·梅森大学经济学教授卡洛斯·D. 拉米雷斯（Carlos D. Ramirez）。他在文章中把十八大以来中国的反腐败斗争与 1900 年美国总统西奥多·罗斯福开展的反腐败进行了比较并指出，罗斯福时代的美国腐败猖獗，后来随着大众收入的增加、公民要求提高政府廉洁程度，腐败问题开始改善，中国可能也在走一条相似的道路。他考察了两国人均收入增长的状况，在两国人均收入都是 2 800 美元时（中国 1996 年，美国 19 世纪 70 年代初），美国腐败程度达到中国的 7 ~ 9 倍；到两国人均收入达到 7 500 美元（中国 2009 年，美国 1928 年）时，两国腐败程度大致相当。因此，他认为，虽然中国的腐败是一个值得关注的问题，但相比美国以往的历史还没有达到十分危险的程度。他还认为腐败问题存在一个"生命周期"。腐败在发展的早期阶段上升，然后又随着一个国家的经济进入发达阶段而下降。"透明国际"排名大体上验证了这一点。在它的排名当中，贪腐最严重的国家基本上全是贫穷国家。中国在"透明国际"最新的"腐败印象"名单里排在第 80 名，差不多刚好是在名单中段。对中国这样的中等收入国家来说，这个排名或许还是合适的。

2012 年，美国佐治亚州立大学政治学教授安德鲁·魏德曼（Andrew Wedeman）出版了《双重悖论：中国经济的快速增长和腐败》（*Double Paradox*：*Rapid Growth and Rising Corruption in China*）一书。此书被认为是近二十年来研究发展中国家腐败问题最具价值的著作。作者在书中解释了中国的腐败现象和经济发展之间的关系，认为在中国，腐败依赖于经济发展，至少从 20 世纪 90 年代初期一直到过去 10 年都是如此。中国官员的腐败行为大多发生在经济增长目标实现之后，他们在完成上级提出的发展目标的基础上被商人"捕获"，或者从公共资源的分配中获得个人利益。但是发展经济、改革体制的任务目标涉及到国有资产市场化转变。由于资产的行政定价与新兴市场价格之间存在巨大缺口，改革中出现的意外暴利催生了腐败。同样，腐败也存在于被严重低估的资产从国有向私有和集体所有转化的过程中。魏德曼认为，这是一种"发展型腐败"（developmental corruption），是经济快速发展的"副产品"，是建立在国家经济还有足够资源和条件向前发展的基础上的。

2. 腐败现象破坏党和政府威信。

东京大学教授、中国问题专家高原明生表示，习近平之所以开展反腐败斗争，是因为他认识到若不消除腐败，共产党的执政体制就会面临危险。

日本拓殖大学名誉教授茅原郁生认为，反腐败是党内净化的必要手段。政治学家、早稻田大学教授天儿慧认为，反腐败政策越过重重障碍，实现了政局安定，下一步有可能转向政治改革。

法国学者弗雷德里克·勒列夫尔（Frédéric Lelièvre）在《经济的替代选择》（*Alternatives économiques*）杂志 2016 年第 2 期上发表文章指出，腐败现象在中国非常普遍，习近平发起的反腐败斗争，既是为了稳固政权，也是为了保持共产党的"纯洁"形象，解决威胁共产党公信力的问题。

法国学者菲利普·努贝尔（Filipp Noubel）和薇薇安·吴（Vivian Wu）在 2014 年第 150 期《法国公共行政》杂志上发表的《社会网络的创造性混乱：中国国家发展动力的机遇与挑战》一文中称，大部分中国民众认为，腐败是国家机构丧失公信力的主要原因之一，而这一判断也得到了党和政府的认可。

3. 腐败蔓延现象损害社会稳定。

一些评论认为，开展反腐败斗争是中国共产党为化解国内矛盾，凝聚向心力，实现社会公平正义，增强执政合法性，深入推进全面深化改革的需要。

美国外交学会亚洲部主任伊丽莎白·伊科诺米（Elizabeth Economy，中文名为易明）2012 年 11 月 14 日在该学会网站上发表题为《中国崛起的下一步：改革腐败系统》（*Next chapter in China's rise：reforming a corrupt system*）的文章。他分析了腐败对中国产生的内部和外部的危害。据文章统计，2010 年，中国发生了多起群体性事件，大部分与因腐败和缺乏法律监管造成的工厂污染、土地无序开发、养老金未能按期发放有关。腐败已成为影响社会安定的首要因素。腐败同样极大地损害了中国的国际形象。知识产权盗窃、在国外上市的中国公司提供虚假报告、为得到订单而贿赂外国厂商等做法使中国的经济成功蒙上了阴影。而当习近平接掌最高领导权时，打击腐败已经成为民众最期盼的举措之一。因此他会采取这一做法来回应社会的期待，缓和矛盾。

法国社会学家、中国问题专家让－路易·罗卡（Jean－Louis Rocca）在接受 2014 年第 5 期《社会信息》杂志访谈时指出，发动大规模的反腐败斗争是希望遏制财富的过度集聚。在改革开放前，财富是在国家体制框架内进行有限的、受监管的积累，其运行轨迹是在党和政府机构的常规体制内部进行的。20 世纪 90 年代以来，经济发展使财富积累突破了原有的社会架构，尤其是腐败官员和从腐败行为中受益的商人的财富急剧增长。这些人瓜分了本应由国民共享的财富积累，如果不对腐败现象加以遏制，那么再分配财富的比例和积累财富的使用都会受到极大限制。

日本著名社会评论家大前研一在 2014 年第 9 期《管理者》杂志刊发的《中国反腐的大规模开展与困惑》一文中指出，从客观上看，中国经济增长乏力，土地和住房价格居高不下，贫富分化扩大，环境污染严重，国民对现行体制不满日益积聚，为化解国内各种矛盾，亟须整顿政治，严肃纲纪，惩治腐败。

日经商业出版社上海分社社长小平和良在《日经商业》2016

年 4 月 6 日特刊——《在失速的中国也奏效的铁规则》中称，自
1978 年中国实行改革开放以来，经济实现了腾飞，但同时腐败
现象丛生，社会贫富差距也逐渐拉大。如果任由腐败现象蔓延，
中国共产党将会失去民心。因此，为了缩小贫富差距，实现社会
公平正义，聚合民心，反腐败势在必行。

2012 年底，习近平上台后，开始大规模开展反腐败斗争，
通过反腐败尝试调和大众和精英之间的矛盾。这场反腐败斗争在
一定程度上可以疏导一下近年来积累起来的社会矛盾。通过这场
反腐败斗争，习近平塑造了勇于打破权贵集团的领导人形象。

4. 反腐是古代儒家、法家政治传统的延续。

有些海外学者着眼于中国古代历史，将我国的反腐败传统追
溯到历史久远的"法家传统"。2015 年法国经济学家、中国问题
专家多米尼克·德·朗比尔（Dominique de Rambures）发表文章
认为，根据中国的传统思想，中国共产党兼具"儒家"和"法
家"的特质，既将儒家学说作为意识形态来宣传，又使用法家的
治理手段。

也有些学者从中国近、现代历史出发，将反腐败传统追溯
到新中国成立后历任领导人的做法。法国国家科学研究院当代
中国问题高级研究员、巴黎政治学院国际政治研究所教授白夏
（Jean – Philippe Béjà）在 2014 年第 6 期《经济的替代选择》
（*Alternatives économiques*）杂志上发表文章，他认为习近平要求领
导干部严守纪律，党员干部必须走"群众路线"，在反腐败斗争
中不姑息任何涉嫌贪腐的领导干部，实际上是回归了中共政治的
优良传统。

法国国际关系研究院亚洲中心副研究员、巴黎政治学院副教
授范文丽（Alice Ekman）在 2013 年第 1 期《对外政策》杂志上
发表《中国：新领导，新改革?》一文中指出，习近平成为党的
总书记之后所做的第一件事就是开展反腐败斗争，事实上这是对
上一代领导人政策的延续，这些做法使人们认识到，如果中共不

能解决腐败问题，那么类似"阿拉伯之春"的事件就可能在中国发生。

二、坚定不移把反腐败斗争进行到底

腐败现象是侵入党的健康肌体的毒瘤。坚持不懈反对腐败，坚定不移割除这一毒瘤，是坚持党的性质和宗旨的必然要求。[1]在新的世界格局和政治背景下，中国的反腐败斗争形势依然严峻。从党的十八大以来查处的中管干部违纪违法案件看，腐败分子往往集政治蜕变、经济贪婪、生活腐化、作风专横于一身。而党中央坚定不移反对腐败的决心没有变，坚决遏制腐败现象蔓延势头的目标没有变。[2]

党的十八大以来，以习近平同志为核心的党中央，严明党的政治纪律、扎牢制度笼子、强化党内监督、严惩腐败分子，着力构建不敢腐、不能腐、不想腐的体制机制。党中央表现出"猛药去疴的决心、刮骨疗毒的勇气"，引发了海外各界的普遍关注。

1. 以零容忍态度深入推进反腐败斗争。

有评论认为，中共中央及其领导人的坚定意志是反腐败工作成功的保障。哈萨克斯坦执政党"祖国之光"党政治委员会成员、该党下属公共政策研究所所长努尔别克·萨亚萨特指出，中国领导人并不害怕"家丑外扬"，展示出严厉打击腐败的坚定决心。[3]

俄罗斯"亚博卢"民主党认为，中国政府着手彻底清除腐败，改善中共形象的决心和路线真诚而坚定。

---

① 《习近平总书记重要讲话文章选编》，中央文献出版社、党建读物出版社2016年版，第222页。
② 习近平：《在第十八届中央纪律检查委员会第六次全体会议上的讲话（2016年1月12日）》，参见《人民日报》2016年5月3日。
③ 黄文帝：《打击腐败，不惧"家丑外扬"（国外政党看中国反腐倡廉）》，载于《人民日报》2015年1月12日。

莫斯科大学亚非国家研究院副院长安德烈·卡尔涅耶夫指出,"对习近平来说,反腐败斗争不只是一个口号,而是维护党的统治地位的核心任务"。俄罗斯《独立报》2014年12月8日以《又一个世纪大案》为题报道了周永康被捕的消息,认为该案对中国反腐败工作意义重大,中共领导层以坦荡的心态向民众公开高级官员的犯罪行为,显示了中共巩固政权声望、清除蛀虫的决心。《独立报》提醒道,"周永康案"说明中国司法机构越来越具有独立性,不管职位高低,法律面前人人平等。EKD网站在2014年8月刊登文章中指出,"这是习近平掀起的反腐风暴的重大转折,而这场风暴还没有结束。"

俄罗斯外交部国际关系学院国际问题研究所东亚和上合组织研究中心高级研究员伊戈尔·杰尼索夫(Игорь Денисов)2015年6月在接受新华社记者采访时说,"周永康一审被判处无期徒刑,表明中国反腐败斗争迈过非常重要的分界线,表明中国现任领导人对官员任何腐败行为都持毫不妥协的立场"。他认为,中国目前的反腐败斗争正深入到各个权力阶层和各级管理部门,包括军队和安全机构这样的敏感领域。中共中央正在努力摸索根除腐败滋生土壤、使国家权力机关工作服从于法律要求的办法,但是这一切都建立在中共稳固的统治基础上。

法国经济学家、中国问题专家多米尼克·德·朗比尔认为,腐败在中国并不是新鲜事物,反腐败一直是政府工作的一项重要任务。如今,"腐败"是最具象征性的词汇之一,其所表明的实际意思远没有其所传递的含义重要,实际意思是指侵吞公共财物,而传递的含义则可指代社会停滞、党受排斥等。习近平上台后便展开反腐败斗争,不放过任何"老虎"和"苍蝇",毫不犹豫地处理了若干高层领导。

德国《南德意志报》2015年1月16日"中国"专栏发表《习近平领导下的反腐运动》一文认为,国家主席习近平将惩治腐败列为其施政时期的优先任务,开展了前无古人的反腐败运动。

英国《经济学人》杂志 2016 年 1 月期刊登了《信仰的危机》（*A crisis of faith*）一文认为，此次反腐运动是 1949 年建国以来时间最长、影响最深远的反腐运动。它不仅受到中产阶层的欢迎，也得到了基层民众的支持。中共高层表现出了极大的决心，要把反腐运动进行到底。

2. 利剑高悬彰显"铁腕反腐"。

一些评论认为，中国共产党"铁腕反腐"效果显著，值得借鉴。"强硬"是俄罗斯媒体关于中国反腐败斗争报道中的高频词。莫斯科大学教授弗拉基米尔·安德里亚诺夫（Владимир Андриянов）在坦波夫"腐败——现代全球性问题"研讨会上也表示："由于惩罚的严苛，腐败和有组织犯罪在中国即便没有被杜绝，也成功地被遏制了。"俄共主席久加诺夫在接受"俄罗斯－1"电视台采访时，对中国的"铁腕反腐"表示高度赞赏，认为俄罗斯也应该采取类似措施："在中国，贪污一百万美元会被判处重刑。我们（国家）也应该采取这种方式"。俄罗斯总理梅德韦杰夫在 2013 年 10 月访问中国期间也曾说过："应当承认，你们采取的一系列措施非常的强硬，很多在我们国家的法律里是不允许的，但我认为这种措施确实会带来一定的效果。"

俄罗斯贝加尔大学法学教授安德烈·马卡洛夫（Макаров А. В.）在《国家政权与地方自治》杂志 2012 年第 3 期发表《中国的腐败现象与俄罗斯的现实》一文中总结道：中国主要采取三种措施防治腐败，一是对省级官员的严格监督，要求其必须严格遵从中央的路线；二是所有机关干部的轮换制，以避免官员利用任上形成的工作关系以及亲属朋友等各种关系来从事违法行为；三是对腐败分子的严厉惩治。《观点报》2013 年 11 月在题为《中国反腐败斗争的成功经验》的报道中认为，这些具有中国特色的制度虽然不能根除腐败，但也防止了国家机关被腐蚀。

俄罗斯科学院远东所研究员拉里萨·斯米尔诺娃（Лариса

Смирнова）在 2014 年第 2 期《二十一世纪法律与治理》杂志上发表的《中国腐败犯罪案件诉讼程序的特点》一文中也指出，中国反腐败斗争的高效一定程度上得益于刑事诉讼程序让位于根除腐败这一优先目标。在发现腐败问题时，中纪委通过"双规"手段搜集的材料可以为检察院之后的调查取证工作引导方向。她还认为，"异地管辖"原则被广泛应用到高级官员的案件审理中，很好地防止了官员利用职权对地方办案人员和司法机关施加压力，避免了对案件调查不必要的干扰。

远东大学亚太教研室教授伊万·祖恩科（Иван Зуенко）总结认为：习近平并不是第一个提出根除腐败的中国领导人，但是今天中国的反腐败斗争仍值得认真对待。此次反腐波及范围较广。习近平提出了"老虎苍蝇一起打"，即宣告要消除所有层级的腐败，不论是高级官员还是普通公务员，都一视同仁，迫使他们放弃指望靠山的幻想。与"大老虎"的斗争无疑是俄罗斯媒体最大的关注点。周永康等高级官员被查处后，《俄罗斯日报》2014 年 12 月 6 日的报道中称："中国的反腐浪潮风起云涌。看来，对中国精英阶层腐败分子的庭审过程还将一个接着一个，这些让国家震撼的腐败案件审理过程不会很快终结。"此外，与过去相比，目前的反腐案件审理比较公开。过去类似案件都尽量避免公之于众，腐败分子被解除领导职务后便迅速从公众视线中消失。但是今天的反腐败斗争却对案件的调查审判内容尽可能地公开，最大限度地利用媒体影响力以重新获得社会对政权的信任。

法国巴黎政治学院欧洲研究中心研究员、国际事务学院国际公共管理硕士专业教授鲍铭言（Richard Balme）在 2014 年第 150 期《法国公共行政杂志》上发表文章，题为《打老虎和打苍蝇——中国的党、国家与行政》。文章指出，习近平的领导集体最具标志性的工作是反腐败斗争。这不是中国的第一场反腐败斗争，而是中共长期以来坚持反腐败的立场和决心的延续。自十八

大之后，习近平将反腐败斗争视为关乎"党的生死存亡"的问
题，认为必须"老虎苍蝇一起打"，这无疑获得了民意的高度支
持。反腐败斗争是由党正式发起的，而不是由党的领导干部发起
的，因此被提升到政治高度，而非仅仅是行政改革。此次反腐败
斗争主要依靠两种做法。一种做法是推出一系列强制领导干部在
从事工作过程中对自己的行为有所节制的规章条例，例如严格限
制公车使用、接待费用、出差费用特别是出国考察费用、白酒消
费以及所有奢侈行为的消费。中国共产党于 2013 年 6 月重申
"群众路线"的重要性，旨在通过反对"形式主义、官僚主义、
享乐主义和奢靡之风"，更好地使党的行动扎根于社会。另一种
做法是大量查处和逮捕问题官员，从数量、级别和涉及领域上看
均超过了以往任何时期，特别是对军队的查处，军队系统通常是
反腐败工作相对较少涉足的领域。从周永康到徐才厚、谷俊山，
对这些高级官员及其党羽的查处工作是以"依法治国"的名义
开展的，就像是"一场修复公共利益、民众权利以及民众对党和
政府机构信任的手术"。

3. 凭借强势执政地位全方位推进反腐败斗争。

一些评论人士认为，反腐败是关乎全局的政策，执政党的强
势地位使其在开展反腐败工作时具有独特优势。十八大以来，新
一届领导班子开展的反腐败斗争并非行政改革，而是政治改革，
采取的做法加强了规范性和惩处力度。

法国社会学家、中国问题专家让 - 路易·罗卡指出，中国
的反腐败斗争虽然面临更艰巨的挑战，但是中国政府对腐败的
管控仍具有自身优势。执政党和国家的力量和作用很大，只要
领导层意志坚定，就能够在必要的情况下对经济和行政系统予
以强制干涉，调整任何社会层级的个人行为。这样的管控形式
无疑具有很强的效果，这是目前中国能够开展铁腕反腐行动的
独特优势。

政治制度方面，日本学者普遍看到了十八大之后中国政治的

权力强化与集中倾向，并认为，这是进一步深化改革的必要性措施。日本贸易振兴机构亚洲经济研究所首席主任调查研究员大西康雄在其著作《习近平时代的中国经济》（亚洲经济研究所2015年版）中指出，以习近平为总书记的中共中央具有深刻的危机意识，为强有力推动改革，加强了权力的集中。三井物产战略研究所在调研报告《踩动"改革加速器"的习近平政府》中认为，为推行各项改革，习近平执政后首先着手权力集中是有必要的。庆应义塾大学副教授小岛华津子表示，将权力集中到党中央，对于在既得利益关系网中插入"手术刀"、大胆地推行改革来说是很有必要的。

还有一些评论认为，此次反腐败斗争所做的调整在一定程度上弥补了过去反腐工作中存在的不足。

俄罗斯学者德米特里·波格杜霍夫（Дмитрий Богодухов）在《中国的腐败：人民币都去哪儿了》一文中表示，不允许官员拥有境外资产，表明中国反腐斗争以及追逃追赃工作进入了新阶段。现在已经有160多个国家和组织与中国签署了追捕和遣返外逃官员、罪犯和其他人员的正式协议，签署引渡协议的有39个，但是还不包括美国、加拿大和大多数欧盟国家。

三、反腐倡廉成效显著

"我们着力解决管党治党失之于宽、失之于松、失之于软的问题，使不敢腐的震慑作用充分发挥，不能腐、不想腐的效应初步显现，反腐败斗争压倒性态势正在形成。"① 反腐伊始，一些别有用心的西方国家，总想用反腐败问题来拿捏中国；而如今，

---

① 习近平：《在第十八届中央纪律检查委员会第六次全体会议上的讲话（2016年1月12日）》，载于《人民日报》2016年5月3日第2版。

随着时间的发展，海外舆论有感于中共党风、政风的转变，对以习近平同志为核心的党中央坚定不移地推进"全面从严治党"、坚持不懈地进行"打虎拍蝇"的成效报以赞赏的态度。中国共产党的建设，尤其是严惩腐败、从严治党的举措是海外学者及媒体对中国政治领域的关注焦点，特别是"四个全面"这一基本治国方略实施以来，海外对中国反腐败成效的关注愈加深入。"各方面对我们敢于向腐败亮剑是佩服的，我们的反腐行动赢得了国际社会的尊重。"①

1. 国际社会高度赞誉。

泰国暹罗智库首席执行官洪风表示，中国是否进一步加大反腐力度是他对 2017 年中国两会尤为关注的议题之一。他认为，中国党和政府严惩腐败，不怕"家丑外扬"，是充分自信的展现，对治理国家来说是一件好事。②

"'苍蝇老虎一起打'彰显了中国党和政府解决腐败问题的决心。"墨西哥伊比利亚大学会计与企业管理专业学者亚伯拉罕·贝尔加拉高度赞赏中国 2016 年取得的反腐成绩。在他看来，严厉打击公职人员贪污腐败的行为有助于提高政府的行政效率，也激发了中国的市场活力，这对世界来说具有重要影响和借鉴意义。"中国是全球化和自由贸易的推动者，清廉高效的政府可以吸引来自世界各地的投资与贸易，中国市场的有序开放也给世界以信心和把握。"③

新加坡国立大学东亚研究所高级研究员陈刚说，中国打击腐败的力度和持久度超过了很多人的想象。通过反腐倡廉，减少了交易成本，有利于改善资源分配，缩小贫富差距，官僚作风少了，老百姓办事也更便捷了。④

---

① 习近平：《在第十八届中央纪律检查委员会第六次全体会议上的讲话（2016年1月12日）》，载于《人民日报》2016年5月3日第2版。

②③④ 陈怡等：《中国反腐利剑护航发展引海外热议》，载于《光明日报》2017年3月13日第16版。

在肯尼亚内罗毕大学外交学学者帕特里克·马卢基看来，经济的持续发展离不开良好的投资环境和公平公正的市场秩序，中国的反腐举措净化了市场环境，提高了政府运行效率。中国共产党在反腐败、从严治党方面具有清醒的认识和准确的判断，非常值得非洲国家借鉴。[①]

"中国的反腐败可以成为非洲的榜样。"津巴布韦前基础教育部部长费琼表示，非洲大多数国家也都是"人情社会"，在制度层面之外也存在"潜规则"。在中国铁腕反腐败之后，一些非洲国家媒体开始反思，可以借鉴中国经验，从制度建设出发，让公务人员"不敢腐、不能腐"，同时对民众进行反腐教育，减少他们对"人情"的依赖。

巴西弗鲁米嫩塞联邦大学国际法教授埃万德罗·卡瓦略，曾作为访问学者在中国生活了3年。他认为，随着中国推动依法治国并打击腐败，遵纪守法的理念已日益深入人心，在中国社会形成了新的法治文化，这有利于中国社会的健康发展。[②]

佩里是中国反腐败运动的坚定支持者。他说："中国要走社会主义道路，官员们就必须做到百分百干净。社会主义的目的是要带动大众实现共同富裕，如果官员们只考虑自己亲戚朋友的利益，那么就无法实现国家的繁荣、人民的富裕。"佩里认为，中国的反腐运动事关如何继续走社会主义道路，事关如何关心保障人民利益。他说，中国的反腐机制正日益健全，反腐斗争将进一步深化，2017年的两会让这一点更加清晰。[③]

俄罗斯总理梅德韦杰夫认为，中国在反腐败斗争中采取的措施及取得的经验也将成为其他国家打击腐败时的有效借鉴，在这个层面上中国的反腐败行动具有超出本国范围之外的效应。

[①②] 陈怡等：《中国反腐利剑护航发展引海外热议》，载于《光明日报》2017年3月13日第16版。

[③] 《两会是中国治理体制严谨性的充分体现——访英国48家集团俱乐部主席斯蒂芬·佩里》，载于《光明日报》2017年3月14日第11版。

东京大学教授川岛真认为，中国的大规模反腐在某种程度上已经发挥了引领国际社会的作用，对于一些腐败严重的发展中国家而言亦有相当程度上的借鉴意义。

2. 促进经济良性运转。

日本学者认为，反腐败行动与中国经济发展速度减缓之间没有必然的因果联系，从长期来看，反腐败有利于经济的健康发展。日本外交学者网站于 2014 年 8 月 6 日发表文章称，近几年来中国经济减速慢行虽然看似与反腐败行动有一定的关联，但绝非必然的因果关系。反腐败有利于净化中国的经济发展环境，减少各种违法谋求不当利益行为，有利于市场经济规范有序发展，促进经济增长，实现长期可持续发展。

日本野村综合研究所现任社长此本臣吾认为，反腐败斗争是使社会主义与市场经济得以并存的必不可少的对策。

日本经济产业研究所首席研究员田村晓彦认为，反腐败为经济改革提供了动力，使经济改革打开新局面。他指出，习近平政府的主战场是经济结构改革，反腐败斗争不过是其手段而已，通过反腐败打破与国企运营密切相关的权利从而推动经济结构改革。田村晓彦认为，中国积极倡导反腐败行动的真正原因在于防止中国陷入"中等收入陷阱"的社会发展困境，是为实现"两个一百年"目标而推进的"统治系统内部变革"。他还认为，国有企业是腐败滋生的温床，推进国有企业改革，有助于抑制腐败现象的产生。国企改革是反腐败的手段，随着反腐败行动的开展，对国企改革持消极抵抗态度的势力不断减弱，反腐败行动又反过来成为国企改革的手段。反腐败行动与国企改革螺旋式推进，有助于健全完善管理体制，从而实现经济的长期可持续发展。

埃及中埃商会主席迪亚·菲基认为，反腐败是世界性难题，反腐力度能衡量一个国家应对复杂难题的能力。"中国坚定不移地打击腐败, 取得了明显成效, 保障了经济的健康发展。"①

3. 国际形象大大提高。

自 20 世纪 90 年代以来, 随着全球化的发展, 各国党派、公职人员和企业家的贪污腐败现象跨越国界, 逐渐成为地区性和全球性问题。日本平成国际大学法学部教授德冈仁在 2015 年 3 月发行的《立命馆国际研究》杂志中发表了《习近平和〈北京反腐宣言〉》一文, 认为如今经济总量位居世界第二的中国已不再仅仅是外交大国, 亦成为颇具实力的经济大国, 在联合国等国际组织以及重要国际会议中扮演着不可或缺的重要角色, 具备了前所未有的巨大影响力。毋庸置疑, 现在中国的政治、经济影响力已经达到可以左右国际社会动向的程度。如果说外交是内政的延伸的话, 那么中国的各种内政问题也逐渐变得不容忽视。在党的十八届三中全会上通过关于全面深化改革的决议是新一届中国领导人的执政方针, 着力改善民生是该决议的核心内容, 反腐败行动的倡导与践行是其重要体现之一。中国通过开展反腐败行动有助于实现内政清明和社会公平正义, 从而能够在国际舞台上更好地展现大国风范、发挥一个大国应有的作用。神户大学经济学部教授、中国经济问题专家加藤弘之在《东北亚经济》杂志 2016 年第 1 期上撰文认为, 跨国企业在中国投资时, 往往不得不向中国官员行贿, 反腐败的开展对于改善中国的投资环境, 遏制中国商业领域腐败丛生的不良国际形象具有重要作用。东京大学教授、中日关系问题专家川岛真在《中央公论》杂志 2015 年第 9 期关于中国问题的专栏的访谈中认为, 中国的大规模反腐, 尤其是跨国追讨腐败分子的行动在某种程度上已经激励了一些国家反腐败工作的开展, 对于一些腐败严重的发展中国家而言更具有借鉴意义。

---

① 陈怡等:《中国反腐利剑护航发展引海外热议》, 载于《光明日报》2017 年 3 月 13 日第 16 版。

日本中国问题专家、爱知县立大学副教授铃木隆认为，十八大以来，以习近平为核心的中共中央推进了以反腐败为中心的全面从严治党战略并持续深化，取得了显著效果。为加强反腐行动，在国家机关及党的机构各系统中，实施了以强化由中央到地方的垂直领导为支柱的制度改革。改革的重点是确立司法系统的独立化、专业化，与地方利益分离，至 2015 年司法系统的垂直整合得到加强。在中央—地方的司法管辖权改革方面，对省以下的地方法院及检察院的人事、财物、资金进行统一管理，确立了与行政区划适当分离的司法管辖制度。保持中央与省之间原有的地方分权的同时，削弱了地方党委对当地司法事务的介入。在司法制度的现代化方面取得了较大进展。中国共产党内部组织的纪律检查委员会也进行了较大改革。上级纪律检查委员会强化了对下级纪律检查委员会的指导，限制了地方党委对同级纪律检查委员会人事任免的权限。改革取得重要成效的另一领域是军队体制改革。不仅原有的四总部被分解重组，而且各大军区的体制改革力度较大，成效显著。

俄罗斯舆论普遍认为，中国的反腐败经验对俄罗斯是有参考价值的。2013 年 3 月 10 日，《明天报》在一篇题为《中国的反腐败成效》的文章中提到："不论是整体改革方面，还是走出危机方面，最重要的一条经验是要保持反腐败政策的连续性。"俄罗斯共产党国家杜马党团成员、国家杜马金融市场委员会第一副主席瓦基姆·库明（Вадим Кумин）表示，作为俄罗斯的好邻居、好朋友和好伙伴，中国反腐败领域的经验非常值得借鉴，两国有着广阔的合作前景。俄总理梅德韦杰夫也认为中国在反腐败斗争中采取的措施及取得的经验将具有超出本国范围之外的效应。

"惩治腐败是各国都应高度重视的工作；中国政府所做的反腐工作在国际上塑造了积极、正直的形象。"埃及《金字塔报》

报业集团董事长艾哈迈德·赛义德·纳贾尔说。[①]

四、推动全面依法治国进程向纵深发展

党的十八大以后，反腐败斗争取得了明显成效，然而一些领域腐败现象依然严峻，一些腐败分子仍然没有收手。在反腐败斗争形势复杂严峻的背景下，中国能否遏制住腐败现象滋生蔓延的势头，能否坚定不移推进法治领域改革，构建开放、动态、透明、便民的阳光司法机制，杜绝暗箱操作，坚决遏制腐败现象，以保证党和国家工作顺利开展，赢得人民信任和拥护，是一些境外舆论的热点话题。

协调推进"四个全面"战略布局，是实现"两个一百年"奋斗目标和中华民族伟大复兴中国梦的重要保障。全面建成小康社会、全面深化改革都离不开全面推进依法治国，惩治腐败更是需要依法治国。随着国际地位的日益提升，中国对国际事务的参与度越来越高，反腐败问题及司法改革问题也愈加影响到中国的国际形象。中国此次反腐败决心坚定、成效显著，推动了依法治国进程的发展，得到了国际社会的普遍支持和肯定，但也有外媒提醒，进一步深入开展反腐败斗争会遇到诸多阻力，并在此基础上，提供了一些可供参考的建议。

1. 进一步深化司法改革应是下一步的努力方向。

在反腐败所要面临的挑战方面，海外学者认为基层反腐，建立良好的治理体制和法律规则是未来中国几代人需要努力的方向。日本《外交官》杂志副主编香农·蒂耶丝认为，尽管拿下了"大老虎"，但真正考验中国共产党的是能否清除低级别官员

---

① 陈怡等：《中国反腐利剑护航发展引海外热议》，载于《光明日报》2017 年3 月 13 日第 16 版。

中的猖獗腐败。澳大利亚学者梅丽莎·泰勒认为，中国反腐败的关键在于建立新机制预防腐败行为，并规范人们的观念以逐渐适应反腐新常态。

美国乔治亚州立大学政治学教授魏德安指出，腐败与既得利益紧密相联，要推进改革必须反对腐败。

美国《外交事务》双月刊2015年5~6期的文章《习总书记对腐败的斗争——行贿受贿怎样威胁到中国梦》认为，中共将克服内部的阻力，进行更大胆的经济、司法和政治改革。而反腐败运动的胜利会加强共产党的政权基础，使共产党上层得到足够的支持去削减行政干预的权力，为更加独立的私营经济的发展创造有利的政策环境。中共希望在中国建成一个更廉洁、高效的威权体制。

英美媒体和学者提出了我国反腐败工作中存在的一些问题，认为它是一场"由执政党主导的自上而下的运动"，问题主要表现在反腐败的政治运动化倾向、地方官员对反腐败工作的惰性以及反腐败的公众参与度等方面。

他们认为，反腐败行动尚未理顺中央和地方的关系。美国《当代中国》（*Journal of Contemporary China*）杂志2015年第24期刊登的文章《等级制度下的一体化：中国基层反腐败》认为，反腐败行动尚未使中央与地方的关系得到理顺，主要存在两个问题：首先是信息的严重不对称。中央政府往往不清楚地方到底发生了什么，也没有能力处理来自地方的海量信息，对有些问题更是鞭长莫及。其次是存在着大量的"隐形腐败案件"，即没有被发现和报告的案件，中央对报告的信息难以辨别真假。据统计，只有1/5的贪腐案件被发现，这样就影响了中央对腐败问题的范围和规模的判断。这种情况通常被形容为"上级监督太远，下级监督太难，纪委监督太晚"。此外，地方官员会对中央政策进行"选择性执行"。

2. 多管齐下发挥长效机制。

在分析了目前中国反腐败进程面临的挑战后，海外媒体、学者就如何进一步净化反腐败斗争提出了他们的一些看法和建议。

有评论认为，中国的反腐败工作需要并且会长期坚持下去，而具体的措施建议主要包括在经济管理上明确政府权限，减少对市场的干预；在政府内部管理上加强法治化，强化媒体和公众等外部监督，进一步加强与其他国家和地区在反腐败领域的合作等。

反腐败斗争将是一项长期的工作，需要更多的努力。就目前中国腐败的状况而言，治理腐败也需要长期的努力。布鲁金斯学会约翰·桑顿中心主任李成认为，当下中国的官员体系面临着比较严重的系统性腐败，因此大规模高压力的反腐败运动仍将持续很长时间，甚至可能需要超过一代领导集体乃至一代人的努力，才有可能彻底扭转中国目前的腐败局面。布鲁金斯学会研究员麦瑞安在2013年发表的《消除对习近平反腐败行动的误解》一文中认为，当前的反腐败行动并没有妨碍官员们做决定，影响政府机关的运作。相反，官员们的行为有了明显的积极的改变。毕竟，如果官员无法确保政府机关正常运作和使经济取得增长，最终也会被免职。通过反腐败，之前被贪官侵占浪费的公共资源会归入国库，它们能用于最初本该投资的项目，从而会使基础设施、公共服务和就业率得到改善。最重要的是，从长远来看，反腐败行动的成功能够使中国的领导核心进行更深入的经济改革，这会提高人们对中国经济的信心，因而提振中国经济。因此打击腐败将和其他社会领域的改革一样，是一项长期的工程。

其次，应划清政府和市场的界线，用市场的力量遏制腐败。有学者认为，中国拥有强大的国有经济部门，但政府与企业之间的界线是模糊的，大型国有企业管理层和政府高层可在政府和企业之间变动职位，这给通过政治和商业关系牟取私利的个人创造了机会。因此，中国政府应制定相关政策，禁止政府官员和企业管理层在那些不涉及国家安全又可被市场化的国有企业内进行职位流动。卡内基国际和平基金会高级研究员黄玉川在《华尔街日报》撰文称，在中国经济转型的背景下，行政系统对于资源和市场的控制产生了大量的寻租空间，构成了经济和商业腐败的根源。在经济从集中控制向市场主导转型的过程中，一切规则和产权都还处于模糊状态，因而中国能否实现十八届三中全会做出的承诺，让市场而非国家成为资源配置的决定性要素就成为解决问题的关键。

此外，应当加强反腐败工作的公众参与和社会参与。美国《当代中国》杂志 2015 年第 24 期的文章认为，中国的反腐败斗争对社会授权和公众参与重视不够。腐败问题作为一种"社会疾病"，只有当公众参与其中才能被有效控制。"警察巡视"（police patrol）式的反腐手段成本高且效率低，公众监督的"警钟长鸣"（fire alarms）式的反腐败方法更加可取。

另外，应加强司法合作为重点的国际反腐败合作，提供有力证据缉拿贪腐逃犯和追回国家资产。目前，美国已成为中国经济逃犯逍遥法外的首个藏身目的地。由于中美之间并没有引渡条约，一旦发现贪官和经济罪犯外逃，唯一让他们返回中国和追讨违法资产的途径就是中国必须和美国的司法部门进行合作。2010年美国实施"腐败资产追回计划"，该计划允许美国司法部有权没收国外官员贪污的资产，并将其还给受害国。要想实施该计划，美国政府必须先收到来自受害国政府的正式请求，允许美国通过官方和司法途径追回请求国政府在海外的资产。受害国政府还需要向美方提交强有力的贪官犯罪证据。最近几年，美国已经有不少这方面的成功案例。魏德曼认为，中国政府要尽快遣返贪腐官员，官方必须能够提供强有力的证据，并且确保所提供的证据同样适用于在逃犯所逃往国家的法律。他还强调中国应加强移民监管，严格核查其资金来源，这样才能确保涉嫌贪污腐败的官员无法离开中国。

莫斯科国际关系学院东亚和上合组织研究中心高级研究员伊戈尔·杰尼索夫认为，中国领导人不会放弃反腐，因为反腐败斗争关系到共产党的执政地位和未来命运，而且公众对此期望非常高，但需要谨慎地选择行动方式。或许未来中国有希望找到"中国特色"的反腐败方式。俄罗斯科学院远东研究所高级研究员亚历山大·卡德尔巴耶夫（Александр Кадырбаев）认为，随着时间推移，查处腐败案件势头将有所松动，但是那将建立在这一时期的反腐行动后，总体形势尚可接受，执法机关也有了更强的抑制腐败的能力的基础之上。严厉打击腐败是以习近平为核心的中共领导层"恢复社会对政府信任的第一步"，而为了实现其更加宏大的发展目标，长期获取民众的支持是十分必要的，因此对于腐败官员的压力会长期存在，长效的机制也将发展出来。

改革开放以来，中国经济的高速发展取得了举世瞩目的成就。与此同时，腐败现象也引起了海外各界的广泛关注。党的十八大以来，中国政府以零容忍的态度重拳反腐败，"老虎苍蝇一起打"，取得了积极显著的成效，得到了来自海内外的充分肯定。

我国综合国力和国际地位不断提升，国际社会对我国的关注前所未有。对此，我们一方面要把自己的事情做好——"打铁还需自身硬"；另一方面也需做好对外舆论解释工作，为树立良好的国际形象打下坚实的基础。

新的历史时期下，尽管前方道路漫漫，我们仍应继续通过反腐败行动凝心聚力，大力推动依法治国向纵深发展，以优异成绩迎接党的十九大胜利召开。*

---

　* 感谢张利军、王琪、郑颖、谢光远、赵超、娄雨婷、李晓倩、李旭、张芳、冯瑾等同志对撰写本文所提供的帮助！

第五章

经济"新常态"：积极应对提振全球信心

    2014 年 5 月，习近平总书记在考察河南论及经济形势时指出："我国发展仍处于重要战略机遇期，我们要增强信心，从当前我国经济发展的阶段性特征出发，适应新常态，保持战略上的平常心态。"这是习近平总书记第一次使用"新常态"一词。7 月 29 日，在中南海召开的党外人士座谈会上，习近平总书记论及当前经济形势时，再一次提到"新常态"，"要正确认识我国经济发展的阶段性特征，进一步增强信心，适应新常态，共同推动经济持续健康发展。"2014 年 12 月 9 日的中央经济工作会上，新常态进一步上升为中国目前及未来一段时期经济发展战略的逻辑起点。在 2014 年 APEC 工商领导人峰会开幕式上，习近平总书记首次全面而系统地阐述了中国经济新常态的主要特征、发展机遇、战略举措等重要思想。由此可见，习近平总书记所提出的新常态事实上反映了中国经济进入了一个新的发展阶段。①

    经过近 40 年的快速发展，我国经济总量已经跃居世界第二，从低收入阶段跨入中等收入阶段，并正向高收入阶段迈进。与此同时，我国经济发展进入新常态，表现出速度变化、结构优化、动力转换三大特点，面临的突出矛盾是供给结构不能适应需求结

---

①   龚刚：《论新常态下的供给侧改革》，载于《南开大学学报》2016 年第 2 期。

构的变化。习近平总书记指出："当前和今后一个时期，我国经济发展面临的问题，供给和需求两侧都有，但矛盾的主要方面在供给侧。"深入推进供给侧结构性改革，确立了经济发展新常态下我国宏观经济管理的战略思路，明确了未来相当长一个时期我国经济发展的大政方针和工作主线，是适应和引领经济发展新常态、解决供需结构矛盾、促进经济平稳健康发展的必然选择。

一、经济"新常态"向世界展示中国方案

2008 年国际金融危机发生以来，我国面临的发展环境发生重大变化。从国际层面讲，全球经济格局已经发生深刻调整，外部需求出现常态性萎缩。在新的经济发展阶段，世界经济呈现出"总量需求增长缓慢、经济结构深度调整"的特征，促使中国经济高速增长的外需环境已不复存在。从国内层面看，支持经济高速增长的传统人口红利、资源环境红利等已逐渐衰减，中国"经济奇迹"的比较优势已经难以为继。一个经济体在经济起飞后经历较长时间的高速增长，随后转入到中高速或低速增长，是世界经济的普遍规律。[①] 中国经济经历了 30 多年的高速增长之后，由原来 10% 以上的高速增长状态转变为现在的 7% 左右的"中高速"增长，体现了经济运行形态上的一种变化和阶段性转变。正是在这一背景下，以习近平为核心的党中央适时做出了中国经济将处于"新常态"的战略判断，引领中国经济走上平稳健康增长之路。

1. 经济增长速度与前景。

中国经济为世界经济走出发展困境提供了中国方案，具有重

---

① 张占斌、周跃辉：《关于中国经济新常态若干问题的解析与思考》，载于《经济体制改革》2015 年第 1 期。

要国际示范意义，因此一直备受各界关注。新加坡《联合早报》2017 年 3 月 1 日报道称，中国如何设定经济增速目标、推进供给侧结构性改革、保持稳健货币政策与合理的人民币汇率、实施"一带一路"倡议下的跨境投资，是外界关心的四大议题。海外经济分析师认为，官方可以把 2017 年的经济增速定在 6.5% 左右，或者把增速区间从上年的 6.5% ~ 7% 扩大到 6% ~ 7%，为改革、去杠杆化提供更大的灵活度。报道称，新加坡大华银行目前维持中国全年经济增速 6.6% 的预测。该行经济分析师全德健指出，中国政府需要把美国总统特朗普执政初期外部环境的不确定性考虑在内。再加上英国脱欧谈判、法国和德国进入选举周期等政治风险，扩大增速目标区间就不会给 6.5% 带来太大压力，也符合中国"十三五"期间年均增长不低于 6.5% 的目标。

　　澳新银行大中华区首席经济分析师杨宇霆则指出："事实上，中央高层已意识到追求经济增长数字的最大化并无多大意义，中国经济要解决的是深层次结构性改革议题，以确保长远的可持续增长。"[1] 报道称，中国工业生产者出厂价格指数（PPI）在经历较长一段时间的下降后回暖，人民币贬值压力减缓，股市企稳，2016 年经济也取得 6.7% 的增速，让外界看到中国经济的韧性。据参考消息网 2017 年 3 月 3 日报道，瑞银近期在一份报告中指出，PPI 持续反弹说明建设活动强于预期、限产导致价格上涨，2017 年初政府再次强调供给侧改革和去产能的决心，进一步推高了市场对价格继续上涨的预期。供给侧结构性改革要有实质成果，就得以"三去一降一补"为标准，河北、山东、山西、内蒙古、青海等地在去产能方面的任务尤为艰巨。有媒体报道指出，央企 2017 年定下目标要化解钢铁过剩产能 595 万吨、煤炭过剩产能 2 473 万吨，还要处置 300 家"僵尸企业"，专项治理 500 家特困企业。报道称，要做到中国领导人说的"要抓住处置

---

[1]　载新加坡《联合早报》2017 年 3 月 1 日。

'僵尸企业'这个牛鼻子"，不是关闭些小钢铁厂、完成些国企合并就了事的。楼市是另一个政府部门密切关注的板块。2017年春节后，中国四大国有商业银行已全面收紧房地产融资，对开发商的土地融资、部分地方居民购房贷款都进行了趋紧调整。

2. 市场经济地位与作用。

处理好政府和市场的关系，是经济体制改革的核心问题。党的十四大提出建立社会主义市场经济体制的改革目标后，对政府和市场的关系，我们一直在根据实践拓展和认识深化寻找新的科学定位。党的十五大提出"使市场在国家宏观调控下对资源配置起基础性作用"，党的十六大提出"要在更大程度上发挥市场在资源配置中的基础性作用"，党的十七大提出"从制度上更好发挥市场在资源配置中的基础性作用"，党的十八大提出，"要在更大程度、更广范围发挥市场在资源配置中的基础性作用"。党的十八届三中全会把市场在资源配置中的"基础性作用"修改为"决定性作用"。这是我们党对中国特色社会主义建设规律认识的一个新突破，标志着社会主义市场经济发展进入了一个新阶段。

近年来，不少人将中国的发展模式与西方的发展模式进行比较，其中不乏真知灼见。法国著名经济学家、调节学派创始人米歇尔·阿格利埃塔指出，在经济自由主义主导全球的背景下，中国走出了一条独特的道路，保持了经济持续强劲增长。这种模式注重人民群众实际收入增长，以改善他们的生活条件。

日本共产党中央委员会前委员长不破哲三在《21世纪的世界与社会主义》一书中指出，21世纪将是资本主义与社会主义真正决出胜负的一个世纪，资本主义还会有一定的自我调节能力，但会越来越徒劳。他对中国的社会主义建设寄予了很大的希望，指出作为社会主义的尝试，苏联的霸权主义以及僵化的计划经济体制已经失败，中国引入市场经济体制是人类社会的巨大实验。作为冷战后社会主义大国，中国社会主义建设的探索和尝试能否成功对21世纪的社会主义运动将至关重要。

德国学者雷奥多·贝格曼认为,"中国特色社会主义"道路是一条摆脱了苏联模式、适合中国发展的社会主义道路。中国的发展是超常规发展,不是低效高速发展,不是忽视国民利益的发展,而是为了追赶发达国家在社会经济文化方面的发展。

美国洛杉矶太平洋国际政策研究所研究员齐迈克认为,中国改革之所以成功,其中一个重要原因就是,富有智慧的中国人民不断突破禁区,并把一系列重大措施付诸实施。"如果没有这一项接一项的大胆尝试和重大措施的出台,中国的改革开放不可能取得如此的成功。"他认为,中国改革的成功与中国共产党的领导是分不开的。"尽管一些西方人经常批评中国共产党,但我认为她在中国实行改革开放的决策,以及所采取的有效的改革措施值得充分肯定。由于中国共产党的这些决策客观上给中国和世界带来了巨大变化,极大地改善了中国人民的生活,因此,仅凭这一点,我就要给中国共产党打一个高分。"

印度国会上议院议员、印度共产党(马克思主义)政治局委员西塔拉姆·耶楚里(Sitaram Yechury)谈到,落后的生产力无法维持先进的生产关系。经济长期无法走出低水平发展将会加剧社会主义体制下人民日益增长的物质和文化的需要同落后的生产力之间的矛盾。如果这种矛盾没有得到妥善解决,中国的社会主义将会面临威胁。为了提高生产力,中国共产党提出另外一种理论构想,即建立社会主义市场经济体制。到目前为止,我们可以很清晰地看出,只要商品生产存在,社会就需要市场进行交换。

市场经济改革带来了经济的飞速发展,中国经济在人类历史上取得了前所未有的成就,中国从世界上最为贫困的国家之一,一跃发展成为经济增速最快的国家之一。但西塔拉姆·耶楚里指出,自由市场经济引发了一系列社会问题,如社会不平等现象加剧、腐败问题严峻、工作环境恶劣等。比利时经济学家马克·范德皮特(Mark Vandepitte)认为,中国目前经历着几百年前欧洲工业化的道路,但与其不同的是,中国目前在这些问题上所涉及的人口是欧洲的 5 倍，工业化速度是欧洲的 4 倍。虽然市场经济和工业化道路带来诸多挑战，但是应当积极正确地看待事物的发展。

法国舆论各界的许多观点认为这种定位意味着经济领域的改革方向是更加自由和开放，对国有企业和私营经济关系的重新界定旨在为经济进一步发展扫清障碍。对于全会所表达出的对国有企业的改革力度，有的观点认为经济改革措施将有利于打破国有企业垄断为经济发展带来的障碍，有的观点则指出全会公报对国有企业重要地位的重申表明利益集团对经济改革的阻碍仍然很大。

法国地缘政治学者、中国问题专家皮埃尔·毕卡尔（Pierre Picquart）认为，通过承认市场的驱动作用，中国共产党将继续向着更加开放的经济方向转变，这对私有领域是十分有利的。为了给予市场更多的自由，中国可能会向国内外私人市场开放国有企业。私人企业的参股最高有望达到 10% 或 15%。这意味着到 2020 年，中国的国家与市场之间的关系会发生改变，市场将发挥更为决定性的作用。转型不可能一蹴而就，因为中国习惯于将地方或部门的试点经验作为长期的政策逐步推进。主要的方向仍然是继续规划改革开放的进程。目的在于强调经济机制的改革并在动荡的国际环境中继续推进国内经济增长。改革的总目标是继续发展中国特色社会主义，并实现治理体制和国家能力的现代化。中国力图到 2020 年，在重要领域和关键环节改革上取得决定性成果，这是在向国际社会传递强烈信号。中国还想在金融领域扩大改革，但是北京将通过计划保留对最高层级的管理权，主要的挑战在于正确处理政府与市场的关系。

法国中国问题专家、欧洲对外关系委员会亚洲项目助理阿比加埃尔·瓦塞利耶（Abigaël Vasselier）指出，十八届三中全会面临的挑战是要知道中国具有多大程度的改革动力，中国做出的决策能在多大程度上推动改革，特别是经济领域内的改革。经济领域的一项重要措施是承认市场与政府之间关系在中国经济中的重要性。这项措施中最引人注目的是，市场在资源配置中起决定性作用，因此政府必须根据市场进行经济调整。至于措施本身，陈述这一措施的方式也是很重要的。中国共产党也重申了国有企业在中国的重要性，国有企业对于中国经济而言是核心和关键领域。然而，私营企业也是非常重要的。中国共产党还推出了中央财经领导小组，负责监督和管理经济改革，也就是进行一些调整。在经济和社会领域，中国共产党要求对城市和农村的失衡进行调整，这是一项重点工作。事实上，这意味着党已经意识到这种经济差异的真正分量，开始对社会制度产生影响。

法国《回声报》2013年11月12日发表的文章《中国：北京承诺将市场置于经济规则的核心》指出，通过着手"全面深化改革"，北京将重心放在了将市场置于规则的核心上，让市场在资源配置和价格决定机制中发挥决定性作用。确切地说，中国经济的诸多失衡在于国家干涉而造成的资源配置不当，因此这显然是个好消息。为涉及这些改革将专门成立一个"中央全面深化改革领导小组"，这一做法很容易让人回想起邓小平为加快经济开放所采取的方法。但是，近期颇受诟病的国有企业，其角色在会上并没有受到任何明确质疑，仍被党重申为发挥"主导作用"。换言之，中国媒体在会前普遍揣测的允许私有资本参股国有企业的可能性似乎并未得到确认。由国有企业所构成的大型利益集团如今未被触及。

德语国家对中国经济领域改革也十分关切。奥地利《新闻报》2013年11月12日的评论文章认为，十八届三中全会最重要的成果是调整市场与国家间关系的意向。市场在未来的资源配置中起"决定性作用"绝不止是表达方式上的技巧。中国经济的重大问题之一便是政府对于经济的决定性影响以及国有企业巨头在国民经济中的主导地位。私人企业虽然得到许可，但在投资或贷款方面都要面临诸多障碍。全会公报中出现了"公有制经济和非公有制经济都是社会主义市场经济的重要组成部分,都是我国经济社会发展的重要基础"这样的表述,意味着贡献了中国60%经济成就的私营企业将会得到强化。文章在分析十八届三中全会改革背景时进一步分析认为,新一届中国领导人意欲告别目前过分依赖出口的经济模式,因为中国的经济引擎很容易受到欧洲和美国市场萎缩的影响,产能过剩、环境污染和就业问题也使得旧有的经济增长模式难以为继。

汉堡大学亚洲研究所《聚焦亚洲》期刊在专题研究文章中指出,外界对十八届三中全会的期望值非常高,因为度过了10年的停滞期之后,改革越来越迫切。全会提出的全面改革总体计划不只提出了新的经济与发展策略,同时也明确了中国在21世纪国际体系中的定位。文章认为,这种自上而下的改革应与基层实践紧密相连。长期以来,没有中央层面的压力,改革很难得到根本贯彻。文章认为,经济改革继续拥有优先地位。本质上,经济改革事关政府与市场关系的重新界定。经过改革之后,中央政府的角色将集中在宏观经济调控上。

文章还指出,十八届三中全会决议通过农业现代化与扩大农民的土地使用权方式来平衡城乡发展,以与社会不公平现象做斗争。土地私有化与全面废除歧视性的城乡二元户籍制度,可能性都很小。第五代党的领导集体采用了一种新的治理模式,一方面使经济领域得到革新与高效化;但另一方面也要化解社会经济对立,平衡发展中出现的贫富不均现象。决议提出了政治改革的必要性。现代化进程要提升体制效率,并且有助于提升自身的合法性。

德语国家舆论对于十八届三中全会改革动议的关注也有着很强的现实利益考虑。从相关报道来看,德国经济界对于中国的改革承诺态度积极。德国电视二台在网络报道中援引法兰克福金融管理学院的中国专家霍斯特·洛切尔的观点,认为全会的改革计划是"富有勇气的前进步伐",受到德国经济界与经济学家们的欢迎。洛切尔认为，德国经济在此次变革中同样有新机会。中国通过改革带来的消费水平提高对德国来说是利好消息，它也许在将来会提升中国对德国出口产品的需求。此前，德国主要向中国出口机械和化学制品，消费品的销售范围则并不广泛。"现在重要的是可以直接在中国进行投资，以更好地满足顾客需求"，洛切尔预测，"德国在未来不需要向过剩产能投资，可持续性投资将会更受欢迎，带来更多盈利"。

德国工商总会亚太代表处主管本雅明·莱波德持类似看法，他认为，改革对于除投资与出口之外的第三项经济支柱——消费的提振也会为德国企业带来新的商机。墨卡托基金会中国问题研究所也在其研究报告中指出，对于德国投资者来说，很有希望获取新的投资领域和精简化的市场准入机会。自由贸易区的设立也为投资者带来了巨大前景。

《法兰克福汇报》11 月 18 日发表了题为《中国改革如黄油煎鱼般吸引人》的评论文章。文章认为，投资者对这场"可能将被证明是 20 世纪 90 年代中国实行社会主义市场经济以来最重要的改革"而欢欣鼓舞。投资者强烈希望，中国工业和金融市场能进一步开放。文章作者最后以轻松的笔调指出，目前中国的改革美食已散发出芬芳气味，无论如何，投资者期待着一场丰盛的宴会。

3. 金融领域"去杠杆"与科技领域创新。

2017 年 4 月，中共中央政治局就维护国家金融安全进行了第四十次集体学习。习近平总书记强调，维护金融安全，是关系我国经济社会发展全局的一项具有战略性、根本性意义的大事。专家表示，这为当前我国防范金融风险、促进金融服务实体经济指明了方向，释放出了重要信号。

分析师普遍认为，央行会在"稳健中性"的货币政策基调上略有"收紧"，防止系统性金融风险，达到持续去杠杆的效果，并鼓励利率市场化。在中国经济努力"瘦身"的同时，中国也要振兴制造业，要从注重数量转向提高质量，官方应会在科研技术上加码，一些垄断性行业的价格和收费可能下降，以落实习近平总书记2月28日在中央财经领导小组会议上强调的——要树立放水养鱼意识，尽一切努力把企业负担降下来。最后，"一带一路"跨境投资是中国开辟沿线区域市场的重大倡议，它既是推动国内市场转型升级的"因"，又是中国持续结构性改革的"果"，这是中国下一步发展的重点。

《日本经济新闻》2017年2月27日刊发题为《日本从中国经济复苏中获益，内需也坚挺》的文章，对投资管理公司贝莱德集团日本分公司会长井泽吉幸进行了采访。井泽吉幸认为，受源自中国的良性循环的影响，东盟经济因中国而好转，日本对亚洲的出口也因此增加。他指出，中国经济以内需为牵引力实现复苏，这有利于促进煤炭和铁矿石的需求复苏，促进商品行情上涨。煤炭和铁矿石出口国澳大利亚和巴西经济也在好转。由于石油价格触底反弹，俄罗斯经济也正摆脱困境。对中国出口较多的亚洲各国经济也在复苏。

《日本经济新闻》3月2日刊发日本神户大学教授梶谷怀的文章，称当前的中国经济展现出相当活跃的技术创新动向。其中的典型例子就是广东省深圳市的电子产业。占地1.45平方公里、电子专业市场林立、拥有3万家商户的华强北商业区已成为全球最大的电子产品和零部件市场。以深圳电子产业为代表的技术创新，其最突出的特征就是，在发展初期知识产权没有得到充分保护。其中的典型案例就是2002年前后开始普及的"山寨手机"。今后能否维持催生技术创新的活力，将极大左右着中国经济的可持续性。

《金融时报投资参考》最新发布的数据显示，中国经济在2017年伊始就呈现出相当强劲的增长势头。未来数月在房地产市场降温的影响下，经济活动的步伐会趋缓，但尽管如此，1~2月份的数据显示，中国2016年最后几个月出现的经济上行势头一直延续到 2017 年。据英国《金融时报》网站 3 月 1 日报道，从《金融时报投资参考》数据看，中国经济的增长势头令人惊叹。数据基于每月对中国 1 000 家企业和 1 000 户家庭的调查，凸显了地方官员、企业和消费者响应中央政府在 2016 年一季度出台的刺激措施的力度。《金融时报投资参考》指数显示，中国家庭对当前和未来经济形势的信心，已从 2015 年年中股市暴跌和同年 8 月货币贬值的双重打击中明显复苏。2017 年 2 月，这些指数达到近两年来的最高水平，人们对当前和未来家庭收入的信心指数也同样改善。数据显示的中国经济复苏得到 2 月份采购经理人指数的证实：中国企业出乎市场预期，经济活动十分活跃。①

二、供给侧结构性改革促进经济持续健康发展

2017 年"两会"期间，习近平总书记在看望参加政协会议的民进、农工党、九三学社委员时强调，今年是实施"十三五"规划的重要一年，是供给侧结构性改革的深化之年，有不少问题需要深入研究、妥善应对、合力攻坚。在参加全国人大会议省区代表团审议时，他多次强调推进供给侧结构性改革。这充分说明，深入推进供给侧结构性改革是当前我国经济发展必须抓紧抓好的一件大事。推进供给侧结构性改革，是以习近平同志为核心的党中央适应和引领经济发展新常态的重大创新，是我国经济发展进入新常态的必然选择，是经济发展新常态下我国宏观经济管理必须确立的战略思路。

在 2015 年 11 月 10 日召开的中央财经领导小组第十一次会议上，习近平总书记第一次提出要进行"供给侧结构性改革"。自此，国内外对中国经济"供给侧"的关注逐渐升温，对中国

---

① 《参考消息》2017 年 3 月 3 日。

经济"供需关系"的议论热情不减。特别是与中国一海之隔的日本,对中国经济政策的重点格外关注——作为亚洲最大的竞争对手和合作对象,中国经济的一举一动直接关系到日本经济、政治甚至国家层面的未来走势。因此,针对中国推动"供给侧结构性改革",日本学界和经济界进行了全方位的分析。

1. 左翼学者的看法。

首先,左翼的马克思主义经济学家认为:依靠政府投资主导经济极易受到外部因素的影响和制约,并且不利于资源的合理有效配置,应该利用制度优势切实增强劳动者及国民的消费能力。完全执迷基于市场原理偏重供给侧重视生产性的供给经济学不一定是解决迫切问题的灵丹妙药。从供给的角度讲,要真正实现人民生活水平日益提高,需弘扬社会生产中使用价值的本来意义,并针对这一点进行社会监督和强制管理。同时,需根据马克思社会均衡再生产的基本原理推导出中国宏观经济模型,从而做出准确的数据测算和科学的走势预判。要通过引导社会生产来制约资本脱离实际、盲目逐利进而破坏经济结构平衡,对产能过剩进行有效预警。最后,要通过宏观调控政策对社会总体的供需状况进行合理调整,建设规则型经济社会。

2. 中间派学者的评价。

中间派经济学家认为,从需求角度来看,中国经济已无法再现投资主导型或出口导向型模式,投资主导型模式已不再是中国经济发展的可靠支撑。未来的发展方向应该是强化国内经济,提高国内消费水平,加强社会保障体系建设,逐步实现人民币的自由兑换。根据西方国家市场经济的经验,随着资本积累的扩张和产业结构的优化,拉动 GDP 总需求的主角应由投资转向消费,这是个一般规律。因此,中国在扩大消费方面仍有相当大的上升空间。同时,经济增长政策必须立足于强化供给侧的作用,也就是要立足于供给侧政策的实施。只要能提高生产率与资本、劳动质量,经济增长就可以持续。在现阶段的供给层面,通过技术革

新等手段提高全部要素生产率（TFP）尤为重要。中国必须充分
利用自己的后发优势，着力提高全部要素生产率（TFP）。

3. 主流学者观点。

日本绝大多数经济学家选择抛开学理上的认识，采用结合政
治因素的理解：作为世界第二大经济体，中国必须采取有效措施
应对经济下行。习近平主席与李克强总理提出的"供给侧改革"
和"国际产能合作"就是其中最重要的政策。这二者密切相关，
不能简单地将其看作对内深化改革和对外加速开放，而要深入地
考察它们与"一带一路"之间的关系。"供给侧改革"的突破口
在于清理僵尸企业，其主要途径有以下四条：（1）停产、关闭、
破产、整合、重组；（2）转产或技术切换；（3）通过扩大出口及
开辟新市场等手段从"需求侧"化解过剩的生产能力；（4）加快
产能输出，从"供给侧"消化生产能力。这其中的第四点就是
中国目前极力倡导的"国际产能合作"，主要涉及装备制造、工
程建设等相关行业及企业，如高铁、核电、电信网络。而很多产
能过剩的行业或企业也要"走出去"，和那些具有国际竞争力的
行业或企业一道，成为"产业输出"和"中国制造"的重要
一环。

三、中国经济改革和发展面临的机遇和挑战

在经济进入"新常态"的大背景下，中国能否成功跨越
"中等收入陷阱"，进入高收入国家行列，是一些海外媒体近期
议论的热门话题。大多海外媒体认为，中国正处于从中等收入向
高收入经济体发展的关键时期，面临跨越"中等收入陷阱"的
挑战。目前正在实施的"互联网＋"战略、供给侧改革和新近
出台的"十三五"规划等，将激发经济新引擎，有助于实现跨
越。但也有外媒提醒，这一目标的实现会遇到诸多阻力，如现有

的一些体制和机制阻碍创业和创新等，需要通过改革和政策支持
予以化解。

　　1. 关于"中等收入陷阱"。

　　据参考消息网 2017 年 4 月 8 日报道，海外媒体称，中国经
济步入"潜伏着危险的发展阶段"，面临跨越"中等收入陷阱"
的挑战。德国《法兰克福汇报》刊文称，经过多年的快速增长，
中国现在面临着"中等收入陷阱"的威胁。澳大利亚东亚论坛
网站评论称，亚洲和中国走向繁荣之路不会一帆风顺，加入高收
入国家俱乐部并没有自动登顶之路。中国当前面临努力提高收入
水平的挑战。

　　美国《外交政策》双月刊网站分析称，中国的经济发展处
于一个紧要关头，在经历多年前所未有的飞速增长之后，2015
年中国经济增速降至几十年来的最低点。中国已经被世界银行认
定为上中等收入经济体，它正进入一个"潜伏着危险的发展阶
段"。中国现在必须激发新的增长引擎来确保跃升至世界发达经
济体行列，否则就会停滞在中等收入范围，一如其他许多发展中
国家的命运。

　　也有一些舆论认为，中国完全有可能跨越"中等收入陷
阱"。新加坡《海峡时报》等引述经济学家林毅夫的分析说，作
为发展中国家，中国韧性强、潜力足、回旋余地大、可用政策空
间多，把这些用好以后，维持 6.5% 以上的经济增速完全有可
能，并会成为一个高收入国家。

　　参考消息网还报道指出，一些海外媒体注意到中国为成功跨
越"中等收入陷阱"所做的努力，认为一系列相关政策的出台
和实施将激发新的增长引擎。《外交政策》双月刊网站的文章
说，中国最新的五年规划将对陷入困境的经济进行再平衡，构筑
一条通往持久增加国民财富的道路。中国通过激发新的增长引擎
来确保跃升至发达经济体行列，"互联网＋"的倡导着眼于以电
子商务和在线服务为基础，打造充满活力的数字经济。另外，

"十三五"规划寄希望于服务业大量创造就业岗位，吸纳新增就业人员。

新加坡国立大学东亚研究所所长郑永年在《联合早报》上撰文说，中国目前力图通过供给侧改革，从短期来说旨在阻止经济急剧下行，中期目标是规避"中等收入陷阱"，长期则是为了推动国家进入高收入社会。

德国《世界报》网站报道说，为避免陷入"中等收入陷阱"，中国正努力通过新引擎带动经济发展：未来中国经济将在消费、服务业、高科技和创新的推动下发展，而不是继续把希望寄托在出口、国家投资和廉价劳动力上。报道还提到，中国继续致力于大型基础设施建设以刺激经济和就业；首次确定具体的全要素劳动生产率增长目标；通过减税促进更多创新企业、服务商和新兴企业的发展，并加快对科研开发的投入。

参考消息网报道还指出，有外媒认为，中国从中等收入向高收入国家过渡面临阻力，旧的发展模式、对经济刺激的偏好及债务等或将成为收入水平持续提高的障碍。澳大利亚东亚论坛网站刊登题为《避免"中等收入陷阱"》的文章说[①]，向高收入经济体转变过程中，随着国家接近全球技术前沿，原本从低收入向中等收入追赶阶段能够刺激增长的制度可能开始阻碍经济发展，如低息贷款和政府直接所有等有利于特定部门或企业的政府干预，以及限制经济自由、阻碍创业和创新精神的制度。同时，处于低水平发展阶段的国家，一些准入障碍和经济租金的存在可能激励企业家精神、投资和出口，然而一旦该国接近技术前沿，这些次优政策就会变成障碍。另外，已经受到优待的企业会坚决抵制威胁其市场影响的改革，而人口老龄化也会对国民收入的增长轨迹产生深远影响。

---

① 张程：《境外媒体：中国面临跨越"中等收入陷阱"挑战》，载于参考消息网，2016年4月8日。

世界报业辛迪加网站分析称，中国 30 年来的发展奇迹展示的是这个国家作为终极生产者的超凡能力。然而，生产者模式不一定适用于实现中国成为高收入国家的目标。该模式容易导致储蓄过剩、过度投资、无限制的资源需求和环境恶化，找到一种新模式势在必行。

《外交政策》双月刊网站的文章提到债务问题对中国向高收入国家过渡的影响。文章称，据估计中国现在的债务总额约相当于其 GDP 的 280%，长期存在的"定价失当和政府经费分配不当"造成了诸多遗留问题，比如企业债台高筑，这将逐渐拖累经济增长。

外媒建议中国通过建章立制、完善市场、提高创新能力和生产率、提供"有效的中央政策环境"等，实现跨越"中等收入陷阱"的目标。澳大利亚东亚论坛网站的文章说，中国若想避开"中等收入陷阱"并成为一个高收入国家，就要像日本、韩国那样，发展并信任市场，而不是"以不可持续的增长扭曲市场"。该文对已经跨越"中等收入陷阱"的国家进行评析，认为关键是健全有关制度和法规：一是能够促进企业进入和退出、助推竞争性国内产品和要素市场良性发展、有效分配资金的金融市场制度；二是允许不同经济部门之间进行更加复杂互动的制度；三是不偏向受优待部门或有关系企业的资本市场管理法规。

《外交政策》双月刊网站的文章建议，中国必须向更多地依靠创新和高附加值的经济体转变，创建一个能让创新企业茁壮成长、独立运作、不怕失败的环境；充分利用人力资本推动经济向前迈进。

《联合早报》网站的文章分析称，要实现长期可持续增长，中央政策环境是关键，亚洲那些成功跨越"中等收入陷阱"的经济体，在经济发展的每一个环节都能提供有效的中央政策环境，推动经济一步步上行。要推进供给侧改革，中央政府是关键，它要为地方政府、国有企业、民营企业和外资提供有利于从事正常经济活动的政策环境。

日本大阪商业大学研究生院地域政策学研究科科长安室宪一教授最新出版著作《中国的经济"新常态"》。在他的研究成果中，他表达了自己对于"中国能否跨越中等收入陷阱"的看法。安室教授指出，中国企业素以模仿见长。要想实现"优化要素投入结构、增强创新驱动"，必须培养大批顶层设计人才、特殊技术人才、管理人才、IT 人才、研发人才和国际化人才，而这涉及到庞大的资金投入与较长的成长周期。安室教授对中国能否顺利完成产业结构优化、跨越中等收入陷阱作了三种预测。如果顺利完成，中国的技术水平将超过韩国，从而威胁日本经济。中国企业不仅会横扫全球市场，并且会驱逐本土的外资企业。届时，一半以上的日企将撤离中国市场，转向成本相对低廉的东南亚市场。导致中国经济出现空洞化现象。如果未顺利实现，那么重工业产业所淘汰下来的大批失业人员难以适应知识集约型产业的工作。地方政府为规避过高的失业数字，只能对低效国企予以补贴，违反中央政府的改革意图。第三种情况是日本学者的主流看法，即改革的实现程度处于成功和失败的中间带。2015 年以后经济增速放缓，势必阻碍改革进程。一心改革的中央政府与不甚配合的地方政府间的拉锯战中，经济增长下滑步步紧逼，中央政府 6.5% 的目标难以维持，"老龄社会"不期而至。[①]

2. 关于实现创新驱动与向消费型社会转变。

随着中国经济发展进入"新常态"，国内经济逐渐向形态更高级、分工更优化、结构更合理的趋势过渡。中国政府在《"十三五"规划纲要》中明确提出，将深入实施"创新驱动发展战略"。这表明中国政府意识到创新将是中国未来经济转型升级的重要推动力，也反映了中国政府对创新的重视。上述提法及与之

---

① 安室惠一:《中国经济・产业の未来と日本への影響》，载于《世界经济评论》2016 年第 2 期。笔者编译。

配套出台的政策引起了海外学者和媒体对中国创新状况的持续关注和思考。海外舆论在高度评价中国创新状况的同时也指出了目前仍然存在的问题。

2015 年美国《外交事务》杂志第 1 期刊登了布莱恩·莫泽（Bryan C. Mezue）等人题为《创造市场的力量》的文章，认为中国企业采用的商业运作模式并非照搬西方，而是基于现实适应中国中层消费者的特点，即产品更新快、成本低。这种"市场创造型"创新是一个国家经济实现跨越性发展和繁荣的重要基础。美国布朗大学教授爱德华·斯坦菲尔德（Edward S. Steinfeld）在布鲁斯金学会网站上发表的题为《中国革命——高科技、高速度、低成本》一文则认为，中国基于高科技的创新通过精简生产过程实现了低成本的市场优势。

麦肯锡研究所 2015 年 7 月发布的《中国对世界创新的影响》报告中指出，2014 年中国研发投入超过 2 000 亿美元，约占 GDP 的 2%，仅次于美国；高校工程技术专业毕业生数量排名世界第一。得益于政府支持，借助高科技、高速度、低成本的生产模式，中国在太阳能、核能、风能等自然资源开发方面，电信、高铁设备等基础设施建设上实现了领先。该报告还指出，衡量创新能力不等同于衡量创造能力，创新的指标要看它转化后带来的实际经济收益；按照此种标准，中国属于创新型国家，目前中国的创新既有优点又有不足。报告将创新分为四种基本类型：消费者聚焦型、效率驱动型、工程制造型、基于科技型。消费者聚焦型创新通过提升产品性能以及改造商业模型满足消费者需求；效率驱动型创新是指高效利用生产要素，优化生产过程、降低生产成本的同时提升产品质量；工程制造型创新涉及新产品的设计与生产；科技型创新指原始科研成果的商业化，研发费用最多，耗费时间长。中国在消费者聚焦型创新以及效率驱动型创新方面具备优势，但是在工业创造型、科技型创新领域还是一块"创新海绵"，许多科研成果尚未转化且难以转化。

海外媒体对中国创新发展的兴趣不仅局限于产业、企业等实体创新，同时也延展到对创新群体的关注，特别是中国女性这一创新群体。他们认为，中国女性对创新事业的影响和贡献正在迅速提高，基本与男性持平，并高度评价了中国女性企业家的创新意识和行动。2013 年 9 月 4 日，美国信托银行高级副总裁杰姬·万德·巴拉格（Jackie Vander Brug）在《哈佛商业评论》发表题为《女性企业家在国际上崛起》的文章，她认为女性企业家正在重塑世界格局，为全球经济做出重要贡献，并为今后的经济增长打下基础。与西方国家的企业家群体相比，中国的女性企业家数量较多，年龄普遍较低。2015 年 12 月 13 日《福布斯》杂志报道了汇丰银行在当年 8 月和 9 月所做的一项研究，调查对象为全球 2 800 余名资产在 100 万美元以上的企业家。研究发现，相比于西方社会，女性企业家在亚洲更易取得成功。而且亚洲女性企业家开始创业的平均年龄为 29 岁，比欧美国家总体早五年。从数量上看，在中国和新加坡企业家中，女性的数量约占总数的40%，其中一半的女性企业家年龄在 35 岁以下。此外，研究发现，中国企业家中女性的比例在近年来大幅提升，基本与男性持平；女性企业家与男性企业家相比，在教育、竞争力、机会动机和创新性方面都有显著提高；中国女性不仅致力于产品的创新，在企业组织形式、过程等方面都有贡献，创新方面的重要地位已经远远超过了其他国家。

2016 年 4 月，专门从事中国国际化战略咨询研究的高风咨询公司创始人谢祖墀（Edward Tse）在《福布斯》上发表了一篇题为《中国创业精神的崛起》的文章，积极评价中国的年轻一代，认为他们身上具有不怕失败、敢于试错的特征，他们的活力、创造力和高产出将是中国下一阶段发展的核心动力。他同时指出，与年轻人的创新热情形成反差的是中国不完善的创新激励体制。另外，中国高校尚未设立系统的创新机制，滞后于年轻人的创新意识。2014 年 3 月《哈佛商业评论》一篇题为《中国为什么不能创新》的文章认为，尽管中国每年投入大量科研经费，博士生的数量也在世界前列，但创新成果并不理想。这是因为中国没有建立一个完善系统的创新机制，导致创新人才的培养受到过度干预，追求创新思维的自由受到限制，无法出现真正的企业家精神。

综上所述，海外各界对中国经济新常态普遍持乐观态度，认为中国经济稳定增长可期，中国经济对世界经济的贡献度不断提高。海外各界尤其高度评价十八届三中全会确立了市场在资源配置中的"决定性作用"，认为这是我国深化改革开放的伟大举措，有利于转变经济发展方式、促进市场经济的健康发展。海外学者还指出，中国能否跨越中等收入陷阱、实现经济转型，"创新"是关键。当前，我国一大批基础科学领域正在或有望取得重大突破性进展，这轮科技革命和产业变革与我国加快转变经济发展方式形成历史性交汇，为实现创新驱动发展战略提供了难得的历史机遇。

第六章

"一带一路"：拥抱世界
互利共赢

　　党的十八大以来，面对持续低迷、复苏乏力的世界经济形势，以及国际投资贸易格局和多边投资贸易规则的深刻变化，以习近平同志为核心的党中央沉着应对，提出"和平合作、开放包容、互学互鉴、互利共赢"的"一带一路"倡议，打开了中国梦与沿线各国人民的梦想相融合的"筑梦空间"。

　　2013年9月7日，国家主席习近平在哈萨克斯坦纳扎尔巴耶夫大学发表题为《弘扬人民友谊　共创美好未来》的重要演讲，首次提出建设"丝绸之路经济带"，并从政策沟通、道路建设联通、贸易畅通、货币流通、民心相通等五个方面作出深刻阐释。

　　2013年10月3日，习近平主席访问印度尼西亚期间，又提出建设"21世纪海上丝绸之路"，深化发展同东盟国家海洋合作伙伴关系。

　　至此，"一带一路"蓝图绘就。4年来，各项工作稳步推进，重大项目成果丰硕。

　　2015年2月，中国成立了高规格的"一带一路"建设工作领导小组。其后，丝绸之路基金和亚洲基础设施投资银行（以下简称"亚投行"）相继设立。2015年3月28日，经国务院授权，国家发展改革委、外交部、商务部联合发布了《推动共建丝绸之路经济带和21世纪海上丝绸之路的愿景与行动》。

2017 年 5 月 14 日至 15 日，"一带一路"国际合作高峰论坛在北京举行，习近平主席出席峰会论坛，深入阐述了中国支持"一带一路"建设的重大举措，为"一带一路"建设发展指明了方向。

"一带一路"倡议提出 4 年来，政策沟通不断深化。目前，已有 100 多个国家和国际组织表达了对"一带一路"建设的支持和参与意愿；中国已与 40 多个国家和国际组织签署了合作协议，同 30 多个国家开展机制化产能合作。

"一带一路"倡议提出 4 年来，设施联通不断加强。以铁路、港口、管网等重大工程为依托，一个复合型的基础设施网络正在形成：阿斯玛特·阿里汗桥（中孟友谊七桥）、中缅天然气管道项目等项目已竣工，中老铁路、中缅铁路、帕德玛大桥及河道疏浚项目正在建设。

"一带一路"倡议提出 4 年来，贸易畅通不断提升。2014 年至 2016 年，中国同"一带一路"沿线国家贸易总额超过 3 万亿美元。中国对"一带一路"沿线国家投资累计超过 500 亿美元。中国企业已经在 20 多个国家建设 56 个经贸合作区，为有关国家创造近 11 亿美元税收和 18 万个就业岗位。

与此同时，资金融通不断扩大，民心相通不断促进。

本次高峰论坛，习近平主席在新的起点上全面阐述了新的行动纲领和支持举措，表达了同各方一起"构建人类命运共同体，实现共赢共享"的强大决心。论坛形成的成果清单，主要涵盖政策沟通、设施联通、贸易畅通、资金融通、民心相通 5 大类，共76 大项、270 多项具体成果。

海外各界聚焦此次高峰论坛，俄新社 5 月 16 日播发"今日俄罗斯"国际通讯社政治观察家德米特里·科瑟列夫的一篇文章，题为《注定会赢得论坛》。科瑟列夫认为，在北京闭幕的"一带一路"国际论坛注定成功，因为在全球化意识形态的停顿中及时说出的精准话语具有特殊力量。论坛是为讨论正在实现的经过欧亚的运输基础设施项目。北京提出了世界应向哪里前进和如何去做的构想，而这对世界而言发生得刚好。

塔斯社莫斯科 5 月 16 日发表题为《弗拉德科夫："一带一路"成为中国对全世界发出的务实信号》的文章，文中引用俄罗斯战略研究所所长米哈伊尔·弗拉德科夫的论说，北京向整个国际社会发出的信号是清晰务实的。不大声要求独占性和世界领导地位，而是就构建世界所有国家的互利包容的经济合作进行不断的细致工作。我们的中国伙伴找到了联系众多民族和国家利益的成功项目，这切合现实且被需要。

澳大利亚东亚论坛网站 5 月 16 日发表华盛顿研究中心高级研究员苏布拉·古普塔题为《"一带一路"计划应吸取过去的经验教训》的文章。古普塔认为，"一带一路"的最大影响将是在国际关系方面，它的"开放地区主义"会展示中方实践"新型国际关系"的决心，其对和平与发展的乐观评估也会从根本上实现后殖民时代长期拖延的南南合作的承诺。①

习近平强调，"一带一路"建设不是要建自己的后花园，而是要建设有利于各国共同发展的百花园。"一带一路"倡议提出后，国际社会高度关注，国外一些政要、学者、媒体反响强烈，他们对"一带一路"倡议的意义，该倡议提出的背景和目的，对国际社会的影响，以及如何参与等方面发表诸多看法与相关建议。"一带一路"建设是沿线各国开放合作的宏大经济愿景，倾听和了解国际声音，对于各国携手努力，实施和落实"一带一路"倡议具有重要意义。

一、"一带一路"倡议内涵深刻

党的十八大以来，中国外交不断有大举措、大布局，贡献出

---

① Sourabh Gupta，ICAS. The Belt and Road Initiative should learn from paths already travelled. http://www.eastasiaforum.org/2017/05/16/the-belt-and-road-initiative-should-learn-from-paths-already-travelled/.

越来越多的"中国方案"、"中国智慧"。中国正在走向世界舞台中央，已成为全球共识。海外政要、学者认为，"一带一路"就是中国极具战略性、全局性和创新性的重大外交布局，同时也是一种全球战略，是全新的国际关系模式。

还有一些海外政要、专家认为，中国的"一带一路"倡议是一项经济上的总体规划，是经济联通，推进全球化的一个好方式。还有一些海外政要、学者认为，中国的"一带一路"建设构想主要是加强区域合作，促进地区安全与发展。另有一些海外政要、学者认为，"一带一路"倡议主要是为了打击"三股势力"，促进地区和平与稳定。再有一些海外政要、学者认为，中国提出"一带一路"建设主要是为了文化交流与发展。

1. 一项重大的外交布局。

澳洲网2013年9月16日刊载《中国新思路打通外交"新丝路"》一文指出：丝绸之路经济带是中国极具战略性、全局性和创新性的重大倡议，体现了新一届中国最高领导层的政治智慧和外交新思路。因为，从长远来看，这个倡议不仅惠及中亚地区，而且不可避免地会影响到整个世界经济格局的改变，必然对美国所谓的"亚太地区再平衡"战略起到相当程度的制衡作用。更重要的是，中亚迄今仍是美国难以插手的地区。中国的"一带一路"倡议客观上延长了中国的战略发展机遇期，使中国在当前的国际政经大格局中重新赢得了主动权。①

哈萨克斯坦管理经济战略研究院法学院教授詹尼斯·坎巴耶夫认为，"一带一路"是中国全球战略，是一个全新的国际关系模式。这一倡议强调中国国内利益和内部发展与邻国的利益和发展是在一个互惠互利的系统中共同发展和繁荣。中国正在通过"人类命运共同体"，"新型大国关系"和"友好、真诚、互利、包

---

① 惠山：《澳洲网：中国新思路打通外交"新丝路"》，http：//www.chinanews. com/hb/2013/09 - 17/5294700. shtml。

容"的邻国外交政策来铸造一个新的外交哲学。①

匈牙利雅典娜地缘政治研究所"一带一路"课题研究组负责人、中国问题高级分析专家埃斯泰尔豪伊·维克多非常看好中东欧与中国的合作前景，认为目前中国与中东欧合作机制虽然面临一些挑战，但"16＋1"合作机制无疑是中国对欧洲政策的最重要外交成就之一。"一带一路"建设不仅推动了中东欧与中国加强合作，也进一步提升了中东欧地区间的合作，将有力改变欧洲西强东弱的局面。"16＋1"机制正处于初始阶段，在中国和中东欧各国的共同努力下，这一机制未来将更好地发展，并有望成为欧盟与中国关系发展的新坐标。②

欧洲中国研究智库网（European Think-tank Network on China）在其 2016 年 12 月发表的《欧洲和中国的新丝路》报告中表示，很大程度上来说，中国在欧洲（和其他地区）关于"一带一路"的活动其实是一种公众外交的方式。不只是中国的外交官，包括中国的智库、大学中的研究人员、中国的企业和中国的英语媒体，经常向欧洲群众宣传"一带一路"。中国推动的不只是现在的中欧互联合作，"一带一路"是一个新的开端，中国在欧洲和非洲的经济扩展将是一个改革性的发展，这将惠及沿线所有国家。③

马德里康普顿斯大学教授、经济学家伊格纳西奥·尼尼奥·佩雷斯认为"一带一路"倡议对中国的内政外交都具有重大意义。在内政方面，该倡议能起到输出优势产能的作用，为企业寻

---

① 中国人民大学重阳金融研究院：《国外学者谈"一带一路"》，载于《中国经济报告》2015 年第 4 期。

② 翟朝辉：《欧洲专家看好"一带一路"："16＋1"机制将成中欧关系新坐标》，https：//www. yidaiyilu. gov. cn/ghsl/hwksl/10422. htm。

③ Frans – Paul van der Putten. Europe and China's New Silk Roads. http：//www. real-institutoelcano. org/wps/wcm/connect/15fd9e60 – 5d30 – 46ba – 9871 – 9888cfbc4600/Europe – and – Chinas – New – Silk – Roads – + Report – ETNC. pdf? MOD = AJPERES&CACHEID = 15fd9e60 – 5d30 – 46ba – 9871 – 9888cfbc4600.

找到新的市场和机遇，从而提振经济。而从地方发展的角度来讲，该倡议也将大力推动中国中西部经济欠发达地区的发展。在外交层面，"一带一路"倡议对中国目前的全球雄心也具有重大意义：对中国中西部地区来说意味着注入更大的经济活力，使该地区在经济上更大程度地与中亚地区实现融合；该倡议还可以扩大和提升中国在众多国家的存在感和影响力，尤其是在周边国家，从而加强扩大全球存在感的战略。①

2. 最好的全球化模式。

俄罗斯科学院远东研究所所长卢贾宁表示，"一带一路"致力于共同推进世界经济发展，是造福各国人民的全球化新政，是最好的全球化模式。②

诺贝尔经济学奖获得者、前世界银行资深副总裁与首席经济师约瑟夫·斯蒂格利茨在 2017 年中国发展高层论坛年会上讲到，"一带一路"倡议对推进全球化是一个非常重要的贡献，因为很多国家，特别是一些落后国家都被纳入进来。同时，帮助他们实现跟世界经济的联通，这是推进全球化的一个好方式。③

马来西亚大学中国研究所高级讲师张添财认为，当西方在筑墙向内退缩时，东方却在打造向外推进的门户，通过中国提出的"一带一路"倡议来迎接全球化。"一带一路"倡议主要是一项经济上的总体规划，但也被注入了地缘政治上的重要意义和文明领域的影响。它将打造出一个规模空前的一体化经济区，有可能对世界 1/3 的人口产生积极影响。

联合国系统驻华协调员兼联合国开发计划署驻华代表罗世礼表示，"一带一路"倡议的提出是全球治理的一种新趋势和

---

① 《学者建议我国展现合作形象以促"一带一路"成功》，载于《参考要闻》第 102 期。

② 《俄媒盛赞"一带一路"是造福世界新模式》，http：//www. legaldaily. com. cn/index/content/2017－03/16/content_7055112. htm？node＝20908。

③ 《听诺贝尔经济学奖得主析中国与世界经济 我们正处于"重要关口"》，http：//theory. people. cn/n1/2017/0330/c40531－29178914. html。

一次创新性探索。"一带一路"是通过区域合作取得共同繁荣的重要机遇，并将成为推动落实 2030 年可持续发展议程的加速器。①

3. 一个更加广泛的国际合作框架。

联合国副秘书长沙姆沙德·阿赫塔尔认为，"一带一路"倡议是一个重大的、根本性的项目。首先，"一带一路"倡议不仅是一个双边倡议，也是一个更加广泛的合作框架。其次，这个倡议促进了可持续发展和本地区无缝连接，实现多样化发展。第三，它能降低贸易壁垒，减少贸易成本。第四，倡议也注意到环境和社会方面的影响。②

俄罗斯人民友谊大学教授尤里·塔夫罗夫斯基撰文称，中国是东盟最大的贸易伙伴，海上丝绸之路建设将进一步带动东盟各国经济发展，促进中国与东盟的经济一体化。2014 年 2 月，俄罗斯总统普京与习近平会晤时表示，俄罗斯支持中国"一带一路"构想，两国可在基础设施、能源、经贸、人文交流等方面加强合作，促进区域经济合作。吉尔吉斯斯坦总统阿坦巴耶夫同习近平会谈时表示，吉方从战略高度重视同中国的睦邻友好关系，丝绸之路经济带建设将两国合作关系提升到战略合作伙伴层面，吉方愿同中方在经贸、能源、人文、安全防务等领域全面深化合作，实现区域共同发展。欧盟前驻华大使赛日·安博说，中亚五国是内陆国家，丝绸之路经济带建成后可保持安全贸易通道，中亚各国希望与更多国家展开经贸合作，避免只与俄罗斯进行贸易产生单一货币结算问题。同时丝绸之路向欧洲顺延会给中亚国家带来更多利益和经贸往来，增加各国贸易安全感，并带动各领域共同发展。埃及开罗大学亚洲研究中心主任萨利赫表示，

---

① 罗世礼：《"一带一路"，全球治理的创新探索》（国际论坛），载于《人民日报》2016 年 11 月 10 日，第 21 版。

② 《中国经济为全球注入动能》（权威论坛），载于《人民日报》2017 年 4 月 5 日第 23 版。

"一带一路"建设不仅是区域经济合作，也是历史、文化等的交流合作；不是单一方面发展，更为"一带一路"国家深化合作、共同发展提供了难得的战略机遇。[①]

4. 维护区域稳定与和平的重要举措。

哈萨克斯坦总统纳扎尔巴耶夫表示，丝绸之路的复兴将促进周边国家的政治稳定、和平与发展。

德国弗莱堡大学政治学家托马斯·贝格尔认为，"一带一路"建设有利于促进地区和平与稳定，区域经济合作与文化交流有助于化解冲突，消除宗教极端势力滋生的温床。

美国安全研究中心研究员扎卡里·凯克在日本"外交学者"网站刊文表示，"三股势力"的目的之一就是搅乱中国与中亚、欧洲等地的经济合作，而中国"一带一路"倡导的交通基础设施建设，如穿越中国新疆，经哈萨克斯坦、乌兹别克斯坦等中亚国家的铁路，将中国与欧洲相连，促进中国与中亚各国的经贸联系，将为维护与促进地区稳定与和平发挥重要作用。

美国卡内基国际和平基金会高级研究员黄育川认为，"一带一路"将使中国在亚洲取得更加积极的外交成果，缓和地区紧张关系，确保主要海上通道的安全畅通与稳定。新加坡学者郑永年认为，通过参与"一带一路"建设，相对落后的国家将获得重新融入世界经济主流的机会，逐步消除贫困，这有助于根除"三股势力"。[②]

5. 多元文化交流的重要渠道。

埃及金字塔战略研究中心高级顾问哈桑·艾卜·塔利布表示，我理解的"一带一路"包括两层含义：一是传统丝绸之路的复兴，即各国之间顺畅经贸关系的恢复；二是沿线国家技术、思想的交流，文化、艺术团体穿梭往来，随着各国民众之

---

①② 冯巍、程国强：《国际社会对"一带一路"倡议的评价》，http：//theory. gmw. cn/2014 - 07/14/content_11956029. htm。

间的感情越来越近，更多的合作机会将不断涌现。"一带一路"形成的经济网络可以充分发挥沿线国家的潜力和特点，与沿线国家的发展战略对接，让中国的增长和繁荣惠及世界其他地方。这一倡议的提出充分说明，中国正在扮演世界秩序建设者的重要角色。①

吉尔吉斯斯坦前文化部长苏尔丹拉耶夫表示，该国近年掀起了学习中国文化和中文的热潮，丝绸之路经济带建设有利于推进两国人民交往，增加相互了解与信任。

土耳其安卡拉德兹大学汉学家古莱接受《人民日报》专访时说，中土两国渊源深厚，古代丝绸之路将双方连在了一起，"一带一路"建设不仅会加强中土经济合作，也将促进历史与文化交流，增进两国人民的互信。②

二、"一带一路"倡议意义深远

对于中国提出"一带一路"倡议构想的深层原因，国际舆论普遍认为是出于缓解国内能源需求、促进经济发展、维护新疆稳定的需要。专家指出，中国由于对石油和天然气的巨大需求而对中亚地区具有很强的能源依赖性，"一带一路"建设可拓展其供应来源。同时，也为中国公司和资本进入国外投资提供了渠道，可帮助中国输出优势产能，刺激国内经济增长。而中国与中亚地区的新型战略伙伴关系还涉及国家安全问题，中亚地区数国与新疆接壤，地区合作将成为中国反恐斗争的重要工具。

---

① 哈桑·艾卜·塔利布：《中国是开放发展的典范》，http：//politics. people. com. cn/n1/2017/0321/c1001－29157653. html。
② 冯巍、程国强：《国际社会对"一带一路"倡议的评价》，http：//theory. gmw. cn/2014－07/14/content_11956029. htm。

1. 解决国内能源日益匮乏的难题。

法国《费加罗报》发表驻京记者帕特里克·圣－保罗的报道，文章认为，中国近二十年来，一直致力于发展中亚地区的基础设施，涉及公路、铁路、油气管道、通讯和电力设施等领域的建设，已经逐步培育起一个覆盖数十亿人口的广阔的潜在市场。中国由于对石油和天然气的巨大需求而对中亚地区具有很强的能源依赖性，力求拓展其供应来源，使供应渠道更加多元，关系也更加密切。

英国"世界纵览"网站刊载的《中国重新设想通往欧亚的"旧丝绸之路"》一文认为，中亚国家对满足中国不断增长的能源需要具有至关重要的地位。从 2005 年到 2012 年，中国的能源消费量增长了 60%，预计从现在到 2035 年将再增长 72.9%。目前，中国的绝大部分石油是从非洲和中东地区进口。但是，由于中东地区存在明显的风险，中国现在越来越倾向于从俄罗斯及其势力范围寻求能源供应。

德国《焦点周刊》①认为，此前各国提出"丝绸之路"计划，主要的驱动力是对矿产资源的需求，瞄准的是中亚丰富的矿产资源，包括铀矿、金矿、铁矿，尤其是石油和天然气，中国也不例外。

日本大和综合研究所的后藤明美认为，中国提出"新丝绸之路经济带"构想的重要原因是为缓解国内日益严重的能源短缺。近些年，中国国内的能源公司加速在国外获取能源的步伐，而中亚国家以及俄罗斯的石油、天然气和铁矿石资源储备巨大，加上上海合作组织的合作框架，中国是想利用新的经济合作战略获得这些国家的能源。

2. 促进国内经济发展并满足维护稳定的需要。

德国《中德报》认为，乌兹别克斯坦拥有 2 600 万的消费

---

① 《焦点周刊》是德国官方网站，是德国最有影响力的周刊之一。

者，意味着潜在的巨大需求。德国对外贸易委员会的成员德国经济代办处的赫赫赤也认为，中亚五国被低估了，这里有巨大的市场前景。《法兰克福汇报》报道，中国出现了23年来最低的经济增长态势，这迫使其寻找新的机会，希望与中亚邻国建立自由贸易区。

新加坡《海峡时报》的文章认为，中国目前正在寻找新的经济增长点。中西部欠发达地区的消费需求是中国经济摆脱出口依赖模式进入消费主导路径的潜在出路。

法国《费加罗报》的文章指出，中国与中亚地区的新型战略伙伴关系还涉及国家安全问题。吉尔吉斯斯坦、塔吉克斯坦、哈萨克斯坦都与新疆接壤，地区合作将成为中国反恐斗争的重要工具。

日本中国问题专家远藤誉指出，中国提出新丝绸之路经济带的构想是出于维护新疆稳定的需要，经济越发展，极端民族势力将越会得到抑制，中国意图通过加强与中亚各国的经济关系在打击新疆分裂势力方面获得这些国家更多的配合。

在2016年11月举行的"首届海外中国问题研究国际高端论坛"上，瑞典安全与发展政策研究所所长施万通（Niklas Swanstrom）发表了题为《"一带一路"沿线的安全问题——成功路上遇到的挑战》的演讲。他认为，中国"一带一路"倡议的目的是带动中国西部地区的发展，增加贸易往来，缓解本国的产能过剩和劳动力过剩问题，同时希望打破所谓的"美国对中国的包围圈"。

3. 化解产能过剩的同时刺激国内经济增长。

新加坡国立大学南亚研究所研究员拉吉夫·拉詹·查特维迪（Rajeev Ranjan Chaturvedy）认为，就经济维度上说，"一带一路"倡议的目标是促进海上互联互通、港口合作和海上贸易。同时，这也为中国公司和资本进入国外投资提供了渠道，中国要么进行基础设施建设，要么制造业外迁。这样的对外基础设施投资对于基础设施领域的发展是极为重要的，可以化解产能过剩，并刺激国内经济增长。[①]

4. 建立起互联互通经济大网络。

印度孟买智库梵门阁（Gateway House）的卡兰·普拉汉（Karan Pradhan）和德夫·利维斯（Dev Lewis）认为，"一带一路"是中国的经济大战略。他们认为，中国一直是地区互联互通的动力所在。目前中国的地区互联互通战略主要依靠三种方式：一是通过丝绸之路经济带将中国经由中亚与西欧连接起来，海上丝绸之路从中国东部的福建省福州市出发经由印度洋连接威尼斯，将会连接南亚的斯里兰卡和巴基斯坦的港口。孟中印缅经济走廊从地理上将四个国家连接起来，而中巴经济走廊将使中国进入阿拉伯海。到未来10年后，将形成以中国为中心的庞大网络。二是向这些计划提供资金的支持。在亚太经合组织（APEC）会议上，中国国家主席习近平宣布中国将投入400亿美元作为丝路基金。在此之前，在中国的领导下，成立了亚洲基础设施投资银行，并与金砖国家建立了金砖国家开发银行。三是通过贸易协定扩大了中国与沿线国家的贸易量。为此，中国积极推动亚太自由贸易区。[②]

5. 对冲美国TPP和"重返亚太战略"的战略。

美国杜克大学社会学教授高柏认为，"新丝绸之路经济带"是中国应对美国"跨太平洋地区伙伴关系"（TPP）和"重返亚太战略"的对冲战略。过去30年中国在亚太地区外交政策的主要目标是"蓝海战略"，即同亚太地区的海洋国家建立联系，这些海洋国家充当了中国连接国际市场的门户，因此，中国采取了许多区域性的行动，包括"中国—东盟自贸区"、"中日韩自贸区"、"中韩自贸区"和"海峡两岸经济合作框架协议"。然而，

---

①② 林民旺：《印度对"一带一路"的认知及中国的政策选择》，载于《世界政治》2015年第5期。

美国的"TPP"和"重返亚太战略"将会使国际环境出现重大变化，可能成为直接威胁中国未来发展的挑战。作为中国"西进外交"战略的一部分，"新丝绸之路经济带"就是为了应对"蓝海战略"可能存在的潜在风险。

三、"一带一路"建设影响广泛

对于"一带一路"建设的前景，国际舆论给予乐观评价。一些海外学者、专家表示，"一带一路"将更紧密地联结欧亚大陆，并创造出一种相互依存的关系，通过相互依存则能建立更深刻的关系。更有一些海外学者指出，中国的"一带一路"倡议可以有效应对当下的逆全球化思潮，是中国作为一个负责任大国为经济全球化开出的"中国药方"。

"一带一路"倡议体现了中国全球发展战略的创新。2015年3月，塞尔维亚共和国前外交部部长武克·耶雷米奇在"中国发展高层论坛"上指出，中国的古丝绸之路促进了不同文明的对话与交融，新时期的"一带一路"构想具有更加丰富的内涵，体现了中国全球战略的创新。俄罗斯人民友谊大学教授尤里·塔夫罗夫斯基认为，"一带一路"构想是中国争取更广阔的发展空间、融入全球经济的战略创新，是中国梦的延伸。欧洲对外关系委员会专家苏西·丹尼森表示，"一带一路"构想极富想象力与创新性，将更紧密地联结欧亚大陆，是中国的全球发展战略创新。阿联酋迪拜经济委员会秘书长哈尼·拉希德认为，"一带一路"是伟大的创新，与阿联酋创造更多就业机会的想法不谋而合，阿联酋希望积极参与"一带一路"建设。新加坡南亚问题研究所研究员拉吉夫·兰詹·查图维迪认为，"一带一路"构想体现了中国全球发展战略的调整与创新。缅甸联邦巩固与发展党党报《联邦日报》主编吴温丁表示，缅甸国内对"一带一路"

构想给予高度评价，认为这是中国领导人高瞻远瞩、对外开放、锐意创新的发展思路。①

巴基斯坦前总理阿齐兹在博鳌亚洲论坛上接受采访时表示，"一带一路"通过加强互联互通使中巴人民更接近。"除了公路、铁路、航运等交通上的互联互通，还包括数字上的互联互通。一旦两国人民有了这种相互的联接，就可以创造出一种相互依存的关系，通过相互依存则能建立更深刻的关系。"②

伊朗驻华大使阿里·阿斯加尔·哈吉表示，"一带一路"建设能改善国际互联互通状况，促进沿线国家在人文、经济等领域的合作，不但为相关国家的人民带去实惠，也有助于维护地区的和平与稳定。自 2013 年提出以来，"一带一路"倡议在经贸合作领域取得了诸多成效，成果超出预期。③

匈牙利雅典娜地缘政治研究所"一带一路"课题研究组负责人、中国问题高级分析专家埃斯泰尔豪伊·维克多认为，中东欧地区的东部和南部基础设施发展历来不足，"一带一路"建设可能改变这种状况。在"一带一路"框架下建立起来的欧洲基础设施网，将使地区间经济贸易迅猛发展。目前，从希腊比雷埃夫斯港到匈牙利的中欧陆海快式联运已经开通，匈牙利、塞尔维亚和中国三方正在共同推进建设匈塞铁路项目，中东欧地区将成为最大受益者。基础设施完善后，中东欧国家的货物还可以进入中东、中亚和俄罗斯市场。中东欧国家一致认为，通过基础设施建设和改造，这一地区可以在欧盟与中国之间更好地发挥

---

① 冯巍、程国强：《国际社会对"一带一路"倡议的评价》，http://theory. gmw.cn/2014 - 07/14/content_11956029.htm。

② 《亚投行加速"一带一路"项目落地》，http://news.xinhuanet.com/money/2017 - 03/27/c_129518943.htm。

③ 杨迅：《"中国对世界的贡献有目共睹"（驻华大使看中国）——访伊朗驻华大使阿里·阿斯加尔·哈吉》，http://politics.people.com.cn/n1/2017/0321/c1001 - 29157663.html。

桥梁作用。①

  诺贝尔经济学奖获得者、前世界银行资深副总裁与首席经济师约瑟夫·斯蒂格利茨在 2017 年中国发展高层论坛年会上指出，贸易关系不只是双边关系层面上的，应该是一个有正面效应的多边游戏。中国正在积极促进区域合作，中国对非洲合作已经很活跃，同拉美也在开拓更多合作。我们可以支持现有的国际机制和安排，甚至创造新的机制，中国在这些方面做的工作非常重要，如创建亚投行、参与建立金砖国家新开发银行等新的多边金融合作机制。②

  联合国副秘书长沙姆沙德·阿赫塔尔在"中国发展高层论坛 2017 年会"演讲中指出，联合国亚洲及太平洋经济社会委员会对一些走廊建设分析后得出结论：第一，从宏观上来说，"一带一路"倡议将会实现互利双赢，不仅是中国，其他参与国家也都能从中受益。第二，"一带一路"倡议带来的经济收益主要取决于如何减少关税和跨国贸易的成分。例如，关税如果下降 30%，就能促进中国 1.8% 的经济增长，相关国家的经济增长也会增加 5.3% ~ 16.9% 不等。第三，2/3 的"一带一路"沿线国家可以通过互联互通获益，包括相互连接的基础设施、油气管道等，从中亚到南亚再到东亚，都可以通过国家电网连接的项目带来巨大的收益。第四，信息通信技术必须是"一带一路"的关键组成部分，如果把那些偏远的地方连接起来，就可以让农业的现代化来帮助他们弥合农村和城市的差距。最后，互补性、互联的共生效应以及区域一体化，可以推动实现跨区域的可持续发展目标。③

  斯里兰卡驻华大使鲁纳塞纳·科迪图瓦库表示，中国的"一带一路"倡议给斯里兰卡带来难得的发展机遇。2016 年中国首

---

  ① 翟朝辉：《欧洲专家看好"一带一路"："16 + 1"机制将成中欧关系新坐标》，https：//www. yidaiyilu. gov. cn/ghsl/hwksl/10422. htm。

  ② 《听诺贝尔经济学奖得主析中国与世界经济 我们正处于"重要关口"》（权威论坛），http：//theory. people. com. cn/n1/2017/0330/c40531 – 29178914. html。

  ③ 《中国经济为全球注入动能》（权威论坛），http：//world. people. com. cn/n1/2017/0405/c1002 – 29189295. html。

次成为斯里兰卡最大的贸易伙伴和进口来源国，双边贸易额达到45.6亿美元。同时，中国也是斯里兰卡最重要的投资国之一。斯里兰卡国内很多公路、铁路和机场等重要基础设施项目都离不开中国投资者和建设者的支持。中国投资建设的科伦坡港口城项目，不仅创造了数万个就业岗位，还提升了斯里兰卡面向全球的航运贸易枢纽地位，带动了斯里兰卡整个国家的经济发展。"一带一路"倡议将沿线国家连接起来，通过一个个具体的投资、贸易和基建项目帮助当地民众摆脱贫穷，过上好日子。科迪图瓦库相信"一带一路"国际合作高峰论坛必将深化斯中两国全方位合作，促进地区繁荣稳定，助力世界经济复苏。[①]

埃及金字塔战略研究中心高级顾问哈桑·艾卜·塔利布认为，经济全球化如今遇到"瓶颈"。与其抓住经济全球化带来的问题大做文章，鼓吹贸易保护主义，不如认真思考导致全球化无法超越零和博弈传统思维的根本原因。经济全球化绝非走到了尽头，而是今天的全球化要求我们在日新月异的世界经济网络中主动探索，找到合适的位置。这是一个世界性问题，需要各国携手，共同解决。随着中国在全球经济治理方面扮演的角色越来越重要，中国政府在两会期间释放出的对外经济政策信号成为研究者关注的对象。中国全球治理理念和"一带一路"倡议，可以有效应对当下的逆全球化思潮，是这个负责任大国为经济全球化开出的"中国药方"。[②]

四、世界积极参与"一带一路"建设

三年多来，"一带一路"倡议得到世界范围的积极响应，

---

① 《"一带一路"带来难得发展机遇》，http：//paper. people. cn/rmrb/html/2017 - 04/08/nw. D110000renmrb_20170408_9 - 02. htm。

② 哈桑·艾卜·塔利布：《中国是开放发展的典范》，http：//politics. people. com. cn/n1/2017/0321/c1001 - 29157653. html。

哈萨克斯坦、匈牙利、印度尼西亚、斯里兰卡、希腊等沿线国家政要纷纷表示，愿意积极参与"一带一路"建设，与中国开展紧密合作。一些专家也就本国优势产业如何与中国对接提出了具体建议。

哈萨克斯坦总统纳扎尔巴耶夫在亚洲开发银行召开的年会上表示，支持"一带一路"建设，哈萨克斯坦希望能发挥自身地理优势，力争成为丝绸之路经济带的重要过境中心，促进哈萨克斯坦对外贸易、现代运输与物流业的发展。匈牙利总理欧尔班·维克托与中国总理李克强会晤时表示，借"一带一路"建设之机，中东欧国家盼望中国投资该区域的基础设施，促进区域经济联通。印度尼西亚交通部部长弗勒迪·努伯利表示，印度尼西亚将积极参与"一带一路"建设，期待中国加大对印度尼西亚港口建设的投资，提升双边经贸合作水平。斯里兰卡外长佩里斯与王毅外长会谈时表示，"海上丝绸之路"建设将使东盟的贸易蓬勃发展，南亚国家可通过与东盟加强贸易关系，分享"海上丝绸之路"建设带来的好处，这将给南亚各国经济发展带来活力。希腊驻华大使瓦西里奥斯·科斯蒂斯在"丝绸之路经济带国际学术研讨会"上表示，希腊正从严重的经济危机中挣脱出来，参与"一带一路"建设对加快希腊经济恢复与发展是一个机会，希望在交通和基础设施等领域与中国开展紧密合作。①

波黑积极参与中国与中东欧国家的"16＋1合作"，同时也是"一带一路"沿线国家之一。2017年波黑将主办两场"16＋1合作"活动，一场是在波黑莫斯塔尔经贸博览会期间举办"16＋1"农产品和葡萄酒博览会；另一场是在波黑萨拉热窝举办第四次中国—中东欧旅游合作高级别会议。波黑部长会议副主席兼外经贸部长沙罗维奇表示，这两场活动将为推动中国同波黑及其他国

---

① 冯巍、程国强：《国际社会对"一带一路"倡议的评价》，http：//theory. gmw. cn/2014－07/14/content_11956029. htm。

家在农业、投资贸易等领域进行合作提供平台。沙罗维奇对中国企业以一流技术建成符合欧盟环保等标准的火电站表示高度赞赏,并透露波方目前正在与中国企业就建设其他火电站项目进行洽谈,双方都有意愿在 2017 年底之前结束谈判并开始施工。

除了经贸合作,沙罗维奇认为,波中两国还应加强旅游业合作,促进两国人民相互了解。他说:"我知道《瓦尔特保卫萨拉热窝》这部电影在中国很有名,我会向萨拉热窝市长建议,修缮维护好电影拍摄的景点,以吸引更多中国游客来萨拉热窝旅游。"沙罗维奇表示,为进一步打开中国旅游市场,吸引更多中国游客来到巴尔干地区,波黑还将考虑与塞尔维亚、克罗地亚、黑山等国合作,开发出一条"瓦尔特旅游线路"。①

匈牙利雅典娜地缘政治研究所"一带一路"课题研究组负责人、中国问题高级分析专家埃斯泰尔豪伊·维克多在谈到中东欧有哪些优势产业可以与中国对接时提出,中国和中东欧经济合作领域十分宽广,还可以加强在制药、农业和食品加工等领域的合作,如酿酒、高品质蜂蜜、调味品、草药等,中东欧国家的牛肉、矿泉水、奶业、医疗业和特种机械制造业也都是优质合作项目。

埃斯泰尔豪伊·维克多表示,中东欧地区有吸引中国企业投资的潜力,其中旅游领域的合作前景也很广阔,遍及这一地区的传统药用温泉资源,可以打造成旅游优选产品。同时,在教育和研发领域,特别是医学研究、技术人员培训、地理信息科学研究和农业技术等方面也有合作空间。此外,中东欧地区还拥有华沙、布达佩斯等专业服务性较强的物流运输和金融服务中心。②

伊朗驻华大使阿里·阿斯加尔·哈吉指出,"早在古丝绸之

---

① 《"一带一路"让波中经贸关系长足发展》,https://www.yidaiyilu.gov.cn/ghsl/hwksl/9782.htm。

② 翟朝辉:《欧洲专家看好"一带一路":"16 + 1"机制将成中欧关系新坐标》,https://www.yidaiyilu.gov.cn/ghsl/hwksl/10422.htm。

路时期，伊朗就在中国和西方之间的联系中发挥了桥梁作用。如
今，伊朗凭借丰富的历史、经济、文化资源，在'一带一路'
建设中发挥着独特作用。习主席访问伊朗期间，两国签署了共同
推进'一带一路'建设的谅解备忘录。伊朗愿同中方在'一带
一路'建设中对接发展规划，在这一框架下不断促进国际产能、
基础设施、互联互通等领域的合作。"哈吉特别提到，为了推动
"一带一路"建设，伊朗成立了由公共部门及私人部门组成的跨
部门委员会。①

　　埃及金字塔战略研究中心高级顾问哈桑·艾卜·塔利布表
示，我了解到今年中国的《政府工作报告》特别提到了继续推
进"一带一路"建设，这是埃中两国合作难得的历史机遇。埃
方愿意与中国携手落实"一带一路"倡议，将本国打造成位于
三大洲交汇点的贸易枢纽。②

　　联合国系统驻华协调员兼联合国开发计划署驻华代表罗世礼
认为，"一带一路"倡议将推动沿线国家的基础设施建设与工业
化发展，与此同时，各国也应携手努力，推动当地社会变革，减
少贫困，实现环境的可持续发展与包容的社会发展，推动 2030
年可持续发展议程的落实。联合国系统职能广泛，包括联合国开
发计划署、联合国儿童基金会、联合国工业发展组织在内的众多
机构已做好充分准备，将"一带一路"倡议的实施融入可持续
发展目标的实现过程中。2016 年 9 月 19 日，联合国开发计划署
与中国政府签署共建"一带一路"谅解备忘录，中国政府与联
合国开发计划署在双方现有的良好合作基础上，发挥各自优势，
合作推进"一带一路"建设，推动沿线国家的政策沟通、设施

---

① 　杨迅：《"中国对世界的贡献有目共睹"（驻华大使看中国）——访伊朗驻华
大使阿里·阿斯加尔·哈吉》，http：//politics. people. com. cn/n1/2017/0321/c1001 -
29157663. html。
　　② 　哈桑·艾卜·塔利布：《中国是开放发展的典范》，http：//politics. people.
com. cn/n1/2017/0321/c1001 -29157653. html。

联通、贸易畅通、资金融通、民心相通，为沿线国家的繁荣和发展共同努力。①

英国伦敦政治经济学院网站 4 月 11 日发表德国汉堡大学学者安德烈亚斯·格里梅尔苏珊·美·江题为《为什么欧盟应该更加重视中国的"一带一路"倡议》的文章称，中国 2013 年提出的"一带一路"倡议在三个不同方面为地区一体化趋势设置了新的里程碑：第一，它拥有借助一个综合的贸易和基础设施项目将亚洲和欧洲联系起来的宏伟目标；第二，它在地理上涉及范围广大；第三，它的目标从一开始就是地区和跨地区一体化。欧盟应该将"一带一路"倡议视为双重机会：第一，可以再次在塑造国际关系方面扮演更积极角色；第二，可以推动一个更自由的多边国际贸易机制，并抵御严重具有保护主义特征并且显然背离了世界贸易组织多边方针的优惠贸易安排。

文章指出，中国政府不仅对恢复旧丝绸之路抱有浓厚兴趣，而且一直在努力说服新合作伙伴参与这个项目，并探索合作选择。在这个议程设置阶段，欧盟将从积极参与项目塑造并引入自己的想法和立场中受益。它也可以帮助明确一些重要问题，例如该倡议可能基于的具体法律和政治框架。②

五、关于"一带一路"建设的对策建议

正如习近平主席所说，"一带一路"建设不是要建自己的后花园，而是要建设有利于各国共同发展的百花园。中方始终重视来自各个方面的声音。

---

① 罗世礼：《"一带一路"，全球治理的创新探索》（国际论坛），载于《人民日报》2016 年 11 月 10 日，第 21 版。
② 德国学者：《"一带一路"可为欧盟提供新前景》，http：//m. cankaoxiaoxi. com/column/20170414/1883923. shtml。

随着参与国家日益增多，重大项目相继落地，"一带一路"建设的走势和一些重要环节的关键问题也引起国际专家、学者的高度关注，提出了许多意见和建议。

俄罗斯学者谢尔盖·卢贾宁认为，由于俄罗斯对中亚国家拥有"主权有限论"，因此会对中国的进入保持警惕，丝绸之路经济带建设或许将受到俄罗斯的竞争压力。欧盟前驻华大使赛日·安博认为，中国若强调在"一带一路"建设中与俄罗斯合作，找到双方利益的契合点，会得到俄罗斯的支持。①

马德里康普顿斯大学教授、经济学家伊格纳西奥·尼尼奥·佩雷斯认为，"一带一路"倡议使中国日益受制于国际环境的变化，因此中国需要对国际环境的发展给予更多的关注。中国推进如此规模的项目的意愿对当前国际形势来说是个好消息，为使"一带一路"倡议取得成功，中国有必要更多地展现出作为合作者的形象。②

俄罗斯科学院远东研究所所长卢贾宁说，"当前，中俄丝绸之路经济带建设与欧亚经济联盟建设对接的'柜子'已经准备好，下一步需要各方有识之士认真考虑向里面填充什么内容"。《俄罗斯报》刊文指出，对俄而言，"一带一路"不但是基础设施和运输走廊，从更广泛的意义上来说，它应当是一个地区国家实现共同发展的宏伟目标。在这一框架下，俄中两国及周边一些国家可以在运输走廊、投资、人道主义、银行间和旅游合作等方面实现共同发展，从而为整个地区的政治稳定和安全提供强大的保障。③

诺贝尔经济学奖获得者、前世界银行资深副总裁与首席经济

---

① 冯巍、程国强：《国际社会对"一带一路"倡议的评价》，http：//theory. gmw. cn/2014－07/14/content_11956029. htm。

② 《学者建议我国展现合作形象以促"一带一路"成功》，载于《参考要闻》第 102 期。

③ 《俄媒盛赞"一带一路"是造福世界新模式》，http：//world. people. com. cn/ n1/2017/0322/c1002－29162464. html。

师约瑟夫·斯蒂格利茨在 2017 年中国发展高层论坛年会的演讲中表示,"一带一路"建设会给很多国家,特别是一些落后国家整体带来好处,可这些好处不一定会在国家内部进行公平分配。所以我们必须要在国家层面上设计一套体系和政策,确保社会保障网络能更好地为那些弱势群体托底。中国可以扮演很重要的作用,在落实倡议的过程中确保相关国家能够出台一些保障措施。我们正处于非常重要的关口,全球地缘政治和经济与"二战"后创立的国际秩序已大不相同。他认为,新的秩序必须拥护多极世界,实现更持续、更平衡的发展,全球化也会继续支持各国的国力提高,提高全球人民的生活水平。①

德国汉堡大学学者安德烈亚斯·格里梅尔苏珊·美·江认为,考虑到该倡议的规模和范围以及参与其中的合作伙伴数量众多,它的成功实现将取决于四个关键方面:首先,"一带一路"的目标是成为一项以所有合作伙伴的共同协议和共同受益为基础的多边倡议。然而,有必要将这些目标正式化并制定具体协议,以确保这项承诺能体现在该倡议的未来实践中。第二,这项倡议是稳定并加强欧中贸易关系的一个大好机会,欧盟应该抓住这个机会,与中国进行平等对话。第三,更具体地说,虽然这项倡议主要基于消除贸易壁垒、加强相互投资领域多样性的想法,但规则必须是透明的,能够让人们就其进行重要的公开辩论。第四,在项目规模方面,它将需要巨大的投资。按照设想,一部分资金将由亚投行和新开发银行提供。但这些机构提供的资金是不够的,它需要其他投资者。②

瑞典安全与发展政策研究所所长施万通(Niklas Swanstrom)认为,第一,长期以来,大中亚地区局势不稳、政治经济体制脆

---

① 《听诺贝尔经济学奖得主析中国与世界经济 我们正处于"重要关口"》,http://theory.people.com.cn/n1/2017/0330/c40531-29178914.html。

② 《德国学者:"一带一路"可为欧盟提供新前景》,http://m.cankaoxiaoxi.com/column/20170414/1883923.shtml。

弱、激进势力抬头、犯罪频发。如果这些问题得不到解决，可能
会危害中国"一带一路"倡议获得长期成功，甚至会增加中国
国内的不安全因素。第二，在战略安全问题上，中国对"大中
亚"地区的投入依然不大。在中国看来，与美国相比"大中亚"
地区的安全问题对中国的威胁并不大。因此，中国政府更多关注
东部沿海地区的战略和军事利益，在"大中亚"地区缺乏维稳
的长期计划。第三，中国目前在"大中亚"地区的安全措施有
许多缺陷。中国需要调整不干预政策，应该直接参与到"大中
亚"地区的安全治理中去，可能的话最好直接派遣军队。中国也
需要完善自身的投资政策，投资应该尽量满足各个群体需求，能
够帮助当地持续发展，扶持当地的政府发展。第四，上海合作组
织（SCO）目前在安保方面的作用是有限的，中国应该开展更多
的多边合作，推动亚行和"一带一路"的发展。第五，"大中
亚"地区政权稳定性差；政府的管控能力不强，存在其他能与政
府相抗衡的组织，所以中国应在安全方面加强与当地非政府组织
间的合作。此外，该地区的国家政府无力承担本国的基础设施建
设，因此，像"亚投行"这样的地区组织和其他的国际性组织
应该加强当地的基础性建设从而能方便后续的经济建设和发展。

在"海外中国问题研究国际高端论坛上"，德国波恩大学全
球研究中心主任辜学武（Gu Xuewu）教授提出，中国在欧洲推
广的"16＋1"合作机制与"一带一路"倡议对接，这16个国
家中有11个是欧盟成员国。"16＋1"合作机制的发展使中东欧
国家接受了大量的中国投资，新建了许多项目。这一举措得到了
参与合作国家的广泛欢迎，但也引起德国、法国等欧盟核心成员
国的疑虑，认为中国在这一地区经济影响力的急速提升会抵消欧
盟的经济影响，进而影响到欧盟通过在中东欧国家加强经济合作
来推进欧洲一体化范围和进程的战略意图。他还表示，中国需要
在目前推广"16＋1"合作机制的同时，与欧洲潜在的小型联盟
（德国、法国、荷兰等西北欧国家）进行更多沟通，消除他们对

于中国在欧洲增强经济存在的忧虑，进而也与这些国家形成长期稳定的经济合作机制，这种策略的转向会更加符合中国在欧洲的经济利益。

综上所述，中国既是"一带一路"的倡议者，也是坚定推进"一带一路"建设的行动派、实干家。4年来，"一带一路"从理念到蓝图，从方案到实践，从经济到人文，从官方到民间，从现实到未来。中国的行动，为沿线发展中国家带来更多获得感。中国的大力支持不仅仅是意愿，而是具体的行动，已成为沿线各国共识。海外各界围绕"一带一路"倡议进行的研究和讨论逐步深入和更加广泛。国际舆论普遍认为，中国"一带一路"的倡议和举措为世界经济注入强大动力，为世界发展带来新的机遇，这不仅使全球共同发展有了更明确的路线图，更彰显了中国实干有为、久久为功的担当。

第七章

"文化自信"：推进建设
文化强国

2012 年 11 月，中国共产党第十八次全国代表大会报告指出："我们一定要坚持社会主义先进文化前进方向，树立高度的文化自觉和文化自信，向着建设社会主义文化强国宏伟目标阔步前进。"① 其中所提出的，要在"文化自觉"与"文化自信"理念之下推进我国的"文化强国"战略，为近年来中国文化的发展方向和繁荣势头奠定了基调。

党的十八大以来，中共中央总书记习近平在不同场合多次谈到文化议题，展现出他的文化理念和文化观。在 2014 年 2 月的中央政治局第十三次集体学习中，习近平总书记指出要"增强文化自信和价值观自信"。② 此后的多次会议中，习近平总书记又数次对"文化自信"进行强调，例如，在 2016 年 5 月的哲学社会科学工作座谈会上，他提出"我们要坚定中国特色社会主义道路自信、理论自信、制度自信，说到底是要坚持文化自信"，将文化自信与道路自信、理论自信和制度自信这"三个自信"并列，称为中国特色社会主义的"第四个自信"。

与此同时，围绕着建设"文化强国"战略，文化体制改革

---

① ② 在 2014 年 2 月 24 日的中央政治局第十三次集体学习中，习近平提出了此论述。

与文化机制创新的相关政策和方案，也在逐步地提出、推进和落实。在十八大以来的文化建设工作中，推进文化惠民工程、建立健全现代公共文化服务体系、制定公共文化服务保障法及推动文化发展繁荣等政策和部署，均被提上议事日程并积极推进。2016 年发布的《"十三五"规划纲要》更进一步提出，"十三五"期间要实现"文化产业成为国民经济支柱性产业"的目标。在相关政策的积极推动下，随着经济水平的持续较快发展，中国的文化产业总体规模全面扩大，文化市场的投资和消费迅速增长。

当前中国加强文化建设与大力推进文化发展的新局面，引起了海外智库学者、专家和媒体对我国重视软实力和建设文化强国战略举措的关注。海外媒体和学术界对我国在"文化自信"理念下推进"文化强国"建设给予了积极评价并提出了一些相关建议。

一、"文化自信"营造文化发展好时机

回顾中国历史可以发现，自十八大以来，这种"对文化自信、以文化强国"的文化态度，在中国近现代史中极为鲜见。近代以来，伴随着帝国主义殖民势力入侵带来中西方文化的碰撞、冲突与交汇，以及救亡图存、民族解放和国家建设实践过程中对传统文化的质疑、批判与重建，中国社会对中国文化的态度几经转折，发生了波澜起伏的历史变迁。从 1840 年以前的"天朝中心"论，到洋务、变法运动中的"中体西用"论，再到"新文化"运动时期占据主流的"全盘西化"论，中国近代史经历了从盲目自大的"自我中心"到局部乃至全面"自我否定"的文化态度变迁过程。

1919 年以后，各种新思想与新文化不断涌入，在正经历剧烈

变局的中国大地迅速传播，影响着人们文化态度的流变。孙中山称"五四"和"新文化"运动引发了中国思想文化领域的"空前之大变动"。"五四"运动之后十余年间，关于中西方文化的讨论从未停歇，但对于西方文化的评价却开始出现变化。随着第一次世界大战、俄国"十月革命"、世界经济大萧条等一系列历史事件的发生，马克思主义、无政府主义、罗素思想等或激烈或温和批判西方资本主义文明的思潮进入中国。面对纷繁复杂而又诡谲多变的国际国内形势，中国知识界不少人士的观点出现了混沌、转折和更新的情况，这一时期的中国文化态度呈现出一种"迷失自我"的特征。与此同时，也有不少反"全盘西化"论者提出"中国本位"的文化建设思路，对中西文化持折中态度。

中华人民共和国成立以后，社会主义文化成为主流。在"文化大革命"期间，由于"批林批孔"、"评法批儒"等运动的展开，使中国一时间再次陷入"反传统"的文化态度中，文艺作品也一度出现只有革命样板戏的局面。改革开放以来，随着经济的高速发展，文化事业与文化市场也逐步走向多元和繁荣。2000年以来，"三个代表"重要思想提出"代表先进文化的前进方向"的要求，党的十七大进一步提出了深化文化体制改革和推动社会主义文化大发展大繁荣的目标。尤其是，十八大以来，习近平总书记提出"文化自信"的文化态度，并要在"文化自信"理念下推动"文化强国"建设。至此，中国现当代以来的文化态度，从1919年的"迷失自我"逐步变迁到十八大以来的"文化自信"。历经两个世纪的摸索，中国文化事业终于迎来了发展的大好时机。

在现代化建设的过程中，尤其是近年来随着我国经济发展水平的不断提高，文化建设与发展的重要性愈来愈为社会各界所重视。习近平总书记曾在2014年文艺座谈会上的讲话中形象地指出："当高楼大厦在我国大地上遍地林立时，中华民族精神的大厦也应该巍然耸立。"① 改革开放近 40 年来，经济的腾飞为我国带来物质文明的极大丰富，精神文明层面虽然也取得了一定的成就，但相对于物质文明的发展程度显然还有较大的差距。这种差距体现在国内和国际两个层面：

其一，在国内经济社会发展转型过程中存在"文化瓶颈"和"文化饥渴"问题。② 一方面，在经济奇迹的背后，社会正义与诚信存在危机，社会伦理与道德出现滑坡，经济转型面临"文化瓶颈"；另一方面，文化市场与文化产业发展相对滞后，社会发展存在"文化饥渴"情况。其二，在国际社会中我国文化软实力不足。对此，约瑟夫·奈（Joseph S. Nye）在 21 世纪初就曾经有所表述，他认为中国的经济硬实力虽然尚不足以与美国匹敌，但在不断地接近之中；而文化软实力的差距却很大，"要花更长久的时间才能取得接近美国当前水平的影响。"③

因此，如何推动物质文明与精神文明的协调发展，为经济快速发展的中国社会提供全面而充分的精神文化资源，使处于转型进程中的社会拥有足够而健全的文化、精神和道德动力，从而提升文化软实力，加深国际社会对中国的认识，是我国当代文化发展的重要课题。在这种背景和环境下，近年来我国在"文化自信"理念下积极推进"文化强国"建设的文化战略具有重要意义，这也为我国文化领域的发展繁荣迎来大好时机。

---

① 2014 年 10 月 15 日，中共中央总书记、国家主席、中央军委主席习近平在北京主持召开文艺工作座谈会并发表重要讲话。

② 万俊人：《中国文化的当下与前景》，载于任仲文主编：《传承·开放·超越——文化自信十八讲》，人民日报出版社 2011 年版，第 176 ~ 177 页。

③ 约瑟夫·奈：《软力量：世界政坛的成功之道》，吴晓辉、钱程译，东方出版社 2005 年版，第 91 页。

二、"文化自信"理念促进
国家软实力大提升

在人类文明进程的历史长河中，社会的发展和进步一直与文化的传承和扬弃息息相关。习近平总书记曾指出，"中华民族创造了源远流长的中华文化，也一定能够创造出中华文化新的辉煌。"我们要坚持社会主义先进文化前进方向，坚定文化自信，增强文化自觉，加快文化改革发展，加强社会主义精神文明建设，培育和践行社会主义核心价值观，增强国家文化软实力，建设社会主义文化强国。① 自十八大以来，以习近平同志为核心的党中央着力推进社会主义文化强国建设，以一系列新理念新思想新战略，进一步回答了如何建设社会主义文化强国的问题。

其中，"文化自信"和"社会主义核心价值观"新理念的提出，引发了海外学术界和媒体的热议。"文化自信"是"三个自信"即"中国特色社会主义道路自信、理论自信、制度自信"的历史文化基础，是"更基础、更广泛、更深厚的自信"。正如习近平总书记所说，"中国有坚定的道路自信、理论自信、制度自信，其本质是建立在五千多年文明传承基础上的文化自信"。"四个自信"的重要论述创造性地拓展了中国特色社会主义"三个自信"的谱系，凸显了中国特色社会主义的文化根基、文化本质和文化理想。② "文化自信"为坚持"四个自信"推进伟大事业，提供了深厚的历史文化滋养和源源不竭的精神动力。关于从"三个自信"到"四个自信"的提出，多家海外媒体纷纷对此进

---

① 中共中央宣传部：《习近平总书记系列重要讲话读本》，人民日报出版社2016年版。
② 冯志鹏：《从"三个自信"到"四个自信"——论习近平总书记对中国特色社会主义的文化构建》，载于《学习时报》2016年7月7日。

行解读。美国《世界日报》认为，习近平总书记积极致力于弘扬传统文化，不仅是其个人对中华文化的深深热爱，更是旨在树立"三个自信"的历史文化基础。①

　　除了"文化自信"之外，培育和践行社会主义核心价值观也引发了海外学术界和媒体的广泛关注。党的十八大报告强调指出：倡导富强、民主、文明、和谐，倡导自由、平等、公正、法治，倡导爱国、敬业、诚信、友善，积极培育和践行社会主义核心价值观。"正确理解社会主义核心价值观的内涵，深刻把握积极培育和践行社会主义核心价值观的重要性，对于推进社会主义核心价值体系建设，用社会主义核心价值体系引领社会思潮、凝聚社会共识，具有重要的理论意义和实践意义。"② 关于社会主义核心价值观的理论意义和实践意义，海外学者和媒体纷纷发表看法。英国伦敦国王学院中国研究所主任凯瑞·布朗（Kerry Brown）教授认为，自十八大以来，社会主义核心价值观最引人注目的地方在于它对道德教育的重视。所谓的社会主义价值观足以涵盖几乎所有的美德，囊括了包含平等、公正、勤奋、敬业、和谐在内的价值观。③ 新加坡《联合早报》发文评论道，中国共产党倡导社会主义核心价值观，大目标是要引领社会思潮，克服党内外普遍存在的信仰缺失、道德滑坡、价值观混乱等乱象，保持中国共产党在意识形态领域的主导地位。同时，中国共产党也希望通过强调核心价值观，凝聚更多社会共识。④

----

① 《外媒：中国为传统文化"撑腰"寻自信的文化基础》，载于《中国新闻网》2014 年 9 月 29 日。

② 《深刻理解社会主义核心价值观的内涵和意义》，载于《人民日报》2013 年 5 月 22 日。

③ Kerry Brown，"China's New Moral Education Campaign"，*The Diplomat*，September 21，2015.

④ 《中共加强宣传 24 字社会主义核心价值观》，载于《联合早报》2014 年 2 月 13 日。

1. 弘扬与传承中华优秀传统文化。

中华优秀传统文化是中华民族的瑰宝，是中华民族的"根"与"魂"，指引一代又一代勤劳勇敢的中国人民创造出令世人瞩目的物质和精神财富。如今，传统文化对于构建具有中国特色的社会主义文化强国、实现中华民族伟大复兴的中国梦更是具有重要指导意义。自十八大以来，以习近平同志为核心的党中央领导集体高度重视中华优秀传统文化，并将其作为治国理政的重要思想文化来源。习近平总书记曾在多个场合强调弘扬与传承中华优秀传统文化的重要性。"一个国家、一个民族的强盛，总是以文化兴盛为支撑的，中华民族伟大复兴需要以中华文化发展繁荣为条件。对历史文化特别是先人传承下来的道德规范，要坚持古为今用、推陈出新，有鉴别地加以对待，有扬弃地予以继承。"从中华优秀传统文化中汲取治国理政的养分，从古代先贤思想中寻求解决当今现实问题的方法，成为近年来践行"文化自信"战略的重要组成部分。中国领导人积极发展优秀传统文化、大力弘扬经典儒家思想的做法，得到了海外社会的广泛赞扬。关于弘扬优秀传统文化的现实意义，美国《世界日报》认为，"如今到了追求秩序、恢复民族精神依托的时代，要发扬修齐治平、尊时守位、知常达变、开物成务、建功立业之道。中国人必须立足回到中国传统源流，才能心安理得"。①

与此同时，中华优秀传统文化也为十八大以来治国理政提供了思想源泉。习近平总书记曾指出，"在带领中国人民进行革命、建设、改革的长期历史实践中，中国共产党人始终是中国优秀传统文化的忠实继承者和弘扬者，从孔夫子到孙中山，我们都注意汲取其中积极的养分"。以习近平同志为核心的党中央立足中国发展实际，从中华优秀传统文化中寻求发展中国特色社会主义、

---

① 《外媒：中国为传统文化"撑腰"寻自信的文化基础》，载于《中国新闻网》2014年9月29日。

推进全面建成小康社会的精神动力和指导思想，将中华优秀传统
文化的精髓蕴含于治国理政总方略中。

2. 国家文化软实力显著提高。

自约瑟夫·奈于 20 世纪 90 年代提出"软实力"概念以后，
"软实力"已经成为衡量一个国家国际地位和全球影响力的重要
因素。"软实力"是指一国通过吸引来塑造他国偏好的能力。约
瑟夫·奈将"软实力"在国际交往起到的作用阐释为"一个国
家能够在国际事务中获得自身想要的结果，因为其他国家钦慕其
价值观，效仿其发展模式，渴望达到与其相似的繁荣和开放程
度"。① 在他看来，国际政治中的软实力来源于组织或国家文化
所展现的价值观、内部实践活动和政策所树立的榜样，以及处理
与他国关系的能力。② 文化、意识形态和国际制度是软实力的核
心要素。

正如约瑟夫·奈所言，中国古代哲学家早在数千年前就在著
作中涉及到软实力的概念，只是尚未提出"软实力"这一名词。
例如，老子的"天下之至柔，驰骋天下之至坚"，孙子的"不战
而屈人之兵"等战略思想都蕴藏了"软实力"的思想理念。在
中国当代学术界，王沪宁教授最早论述软实力。他曾在 1993 年
撰文指出，"国际风云的变幻和国际力量对比的变化，使'软实
力'成为一个国家对外交往的基本力量"。③ 党的十七大报告首
次提出了"软实力"，这是"软实力"第一次正式出现在我们党
和国家的相关文件中。自此，"提高文化软实力"被提升到了国
家战略的高度。中国学者门洪华认为，中国软实力包含以下核心
要素——文化、观念、发展模式、国际制度和国际形象。其中，

---

① Joseph S. Nye, Jr., *Soft Power: The Means to Success in World Politics*, New York: Public Affairs, 2004, P. 5.

② Ibid P. 8.

③ 王沪宁：《作为国家实力的文化：软权力》，载于《复旦学报》1993 年第 3 期，第 91 页。

"文化、观念和发展模式构成软实力的'内功',国际形象构成软实力的'外功',而国际制度联结并跨越两者,成为中国展示和构建软实力的主渠道"。①

十八大以来,以习近平同志为核心的党中央领导集体十分重视国家文化软实力的提升,并积极改善中国国家形象。关于提升国家文化软实力的重要性,习近平总书记指出,"提高国家文化软实力,关系我国在世界文化格局中的定位,关系我国国际地位和国际影响力,关系'两个一百年'奋斗目标和中华民族伟大复兴的中国梦的实现"。关于如何构建中国国家形象,习近平总书记强调"要注重塑造我国的国家形象,重点展示中国历史底蕴深厚、各民族多元一体、文化多样和谐的文明大国形象,政治清明、经济发展、文化繁荣、社会稳定、人民团结、山河秀美的东方大国形象,坚持和平发展、促进共同发展、维护国际公平正义、为人类做出贡献的负责任大国形象,对外更加开放、更加具有亲和力、充满希望、充满活力的社会主义大国形象。"② 中国新一届领导集体近年来增强中国文化软实力,提升中国国家形象的一系列努力得到了国际社会的认可和赞扬。

约瑟夫·奈对中国的软实力评价道,近年来中国的软实力已经有了大幅度的提升。中国优秀传统文化是重要软实力,具有很强的吸引力。中国在发展文化软实力的过程中,可以进一步扩展现代文化的影响力。③ 俄罗斯报纸《莫斯科共青团员》在报道中指出,近年来,除经济项目外,中国正在积极地推动自己的文化和价值观。与此同时,中国还在全球范围内大力推广自己的教育。中国并非现在才开始在国外实践软实力政策,而是一直在利

① 门洪华:《中国软实力评估报告(上)》,载于《国际观察》2007年第2期,第20页。
② 《习近平:建设社会主义文化强国 着力提高国家文化软实力》,载于《人民日报》2013年12月30日。
③ 黄滢:《中国领导人是讲故事高手》,载于《环球人物》2013年第34期。

用"软"工具以实现自身的目标。中国在世界上的角色和影响力的增长，在新世纪已渐成趋势。目前，中国已经对欧美等国形成了竞争，欧洲和美国的学者纷纷对中国软实力的世界影响力进行研究。①

哈萨克斯坦中国问题研究专家鲁斯兰·伊济莫夫（Ruslan Izimov）指出，哈萨克斯坦对中国的态度正在发生改变。中国在哈萨克斯坦"软实力"水平的调查结果表明，中国的软实力使得哈萨克斯坦对中国的正面认识越来越多。软实力的塑造是一项综合性战略，其目的是在舆论中树立中国的正面形象。近二十多年来，中国在中亚国家人民眼中的形象正在逐渐变好。如今，不仅是政治家和精英，普通公民也持积极态度来看待中国。正是中亚国家的人民和权力机关代表对中国相对良好的态度，促使中国在中亚地区的影响力急剧增强。近年来，中国软实力的提升带来了切实成果，中国凭借软实力会对邻国的政策产生长期的影响。②

新加坡《联合早报》在 2014 年初刊登文章《文化软实力将是 2014 年中国的新关键词》指出，以习近平为核心的中国领导层重视中国文化软实力的建设，"文化软实力"成为中国全面改革进程中的又一个新关键词。文章称，"近年来中国的国家发展战略越来越重视和认可文化软实力的作用，不同层面的行为体诸如国家框架下的政府、民间层面的非官方组织乃至个人等都已经成为中国文化软实力提升的当事人。随着国家对外传播理念的转变，中国新一届领导因应网络时代信息化的特征，通过改革外交理念、拓展公共外交等多种形式，已经逐渐摆脱以往的单一模式，以更加多元多样的行为方式在世界范围内树立起正向而丰满

① 《外媒：中国"软实力"可能超乎想象 美国担心被超越》，载于《参考消息》2016 年 6 月 27 日。

② 《俄媒：中国在中亚赢得越来越多好感 软实力快速上升》，载于《参考消息》2016 年 6 月 7 日。

的中国国家形象"。①

3. 国家形象得到了切实提升。

自党的十八大以来，我国增强软实力的一系列举措取得了丰硕成果，其中最直观的感受就是中国国家形象得到了切实提升。美国智库皮尤研究中心（Pew Research Center）进行了一系列关于中国国家形象的全球公众意见调查。该智库以进行民意调查、人口研究、内容分析和其他与数据有关的社会科学研究见长。近年来，皮尤研究中心发布的全球公众民意调查报告显示，自十八大以来，中国的国家形象稳步提升。全球各地区受访国家中，对中国持有积极态度的比例从 2013 年的 50% 提升为 2015 年的 55%。其中，美国民众对中国持有好感的比例由 2013 年的 37% 提升为 2017 年的 44%。

皮尤研究中心 2013 年发布的报告《中美全球形象》中指出，关于中国的国家形象，38 个受访国家中的 19 个国家认可中国。总体而言，50% 的受访国家对中国持有正面态度。中国在非洲、拉丁美洲和以巴基斯坦、马来西亚和印度尼西亚为代表的亚洲部分国家中评分较高。②

在 2014 年皮尤研究中心的全球民意调查中，中国的国家形象总体而言是积极正面的。在受访的 43 个国家中，49% 的国家表示对中国持有好感，32% 的国家给出了相反的评价。值得注意的是，在全球范围内，相较于上一代，青年人倾向于对中国持有更加积极的态度。在 23 个受访国家中，相较于年龄 50 岁以上的群体，年龄在 18～29 岁的青年人对中国的评价更高。③

皮尤研究中心报告显示，2015 年中国在全球公众调查中总

---

① 韩方明：《文化软实力将是 2014 年中国的新关键词》，载于《联合早报》2014 年 1 月 2 日。

② "Global Image of the United States and China", *Pew Research Center*, July 18, 2013.

③ "Global Opposition to U. S. Surveillance and Drones, but Limited Harm to America's Image", *Pew Research Center*, July 14, 2014.

体上获得积极评价。全球范围的投票调查表明，过去一年中国的国家形象得到了提升，尤其是在年轻群体中。根据 2014~2015 年对 35 个国家的全球民意调查结果显示，平均 55% 的受访者对中国有好感，而 2014 年的数据为 49%；对中国持有负面看法的平均数值由 2014 年的 38% 下降到 34%。在 39 个国家中，有 27 个国家的大多数民众对中国持有好感。积极正面的评价更多地集中在非洲和拉丁美洲。在美国，不同年龄群体对中国的好感度有巨大差异。其中，55% 的美国青年（18~29 岁）对中国有好感，而在超过 50 岁的人群中仅为 27%。①

近期美国民众对中国的好感度进一步有所改善。皮尤研究中心 2017 年发布的一项调查显示，44% 的美国人对中国抱有好感，高于一年前的 37%。对中国持负面态度的美国人占比也从上年的 55% 降至 47%。调查还显示，在不同年龄段，美国人对中国的好感度差别较大，其中年轻人对中国的好感度最高。在 18~29 岁的美国人中，51% 的人对中国抱有好感；在 30~49 岁的美国人中，47% 的人对中国抱有好感；在 50 岁以上的美国人中，36% 的人对中国抱有好感。②

从数据角度来讲，尽管 2013~2017 年的调查结果略有波动，但是总体趋势仍然表明对中国抱有好感的民众比例有明显提升。从时间段角度来说，该段调查时间与党的十八大以来的 5 年时间重合，充分表明以习近平同志为核心的党中央领导集体提高国家文化软实力、提升国家形象的一系列努力得到了世界的认可。例如，在全球范围内，有越来越多的外国民众对中国持有积极的态度，尤其是青年群体。在相同年份，美国民众中青年群体对中国的好感度要远远高于其他年龄段的民众。这

① "Global Publics Back U. S. on Fighting ISIS, but Are Critical of Post - 9/11 Torture", *Pew Research Center*, June 23, 2015.

② Richard Wike, "Americans' Views of China Improve as Economic Concerns Ease", *Pew Research Center*, April 4, 2017.

说明，中国文化影响力的种子已经深深埋入青年群体的心中。随着青年群体逐渐成长为社会各行业的中流砥柱，中国软实力将会进一步发挥作用。

从地区角度来说，中国在非洲、拉美和中东国家中更受欢迎。美国《外交事务》杂志刊文指出，中国在非洲、拉美和中东地区软实力的成功表明，在贫穷但自然资源丰富的国家构建正面形象对中国当下的经济和政治目标十分重要。[①] 美国乔治·华盛顿大学教授沈大伟（David Shambaugh）认为，中国已经意识到软实力的不足，利用重要的机会在非洲、中亚、拉美和中东地区进行弥补，以提高中国的软实力。[②] 普林斯顿博士后道恩·墨菲（Dawn Murphy）指出，以中东地区为例，近年来美国一直在该地区努力培育软实力但收效甚微，而中国却在中东赢得了成功。总体而言，阿拉伯世界对中国十分友好，中国长久以来对阿拉伯世界政治上的支持在该地区赢得了公信力。[③]

4. 讲好中国故事令中国声音愈发洪亮。

近年来，伴随着我国经济社会发展取得重大成就，同时更加广泛地参与国际事务，国际社会对中国的关注度越来越高。海外渴望了解中国发展取得的最新成就，期待进一步学习并借鉴中国发展模式。但是由于信息不对称或者业已形成的偏见，一些西方媒体对中国的报道总是或多或少地存在偏差，甚至恶意抹黑中国的发展成就，"中国崩溃论"和"中国威胁论"等声音不绝于耳。"兼听则明，偏信则暗"。面对复杂的国际舆论形势，我们应该积极走出国门，主动拥抱外国民众，及时向他们传递来自中国的声音。关于如何提高我国的国际话语权，讲好中国故事，

---

① Scott Moskowitz, "Beijing Does it Better: The Charm Offensive and Chinese Soft Power", *Foreign Affairs*, June 9, 2013.

② David Shambaugh, *China Goes Global: The Partial Power*, New York: Oxford University Press, 2013.

③ Interview with Dawn Murphy, mentioned in Scott Moskowitz, "Beijing Does it Better: The Charm Offensive and Chinese Soft Power", *Foreign Affairs*, June 9, 2013.

习近平总书记曾在多个场合强调，"提高国家文化软实力，要努力提高国际话语权，加强国际传播能力建设，精心构建对外话语体系，发挥好新兴媒体作用，增强对外话语的创造力、感召力、公信力，讲好中国故事，传播好中国声音，阐释好中国特色。"①

中国媒体积极拓展全球网络。讲好中国故事，传播好中国声音，需要我们加强国际传播能力建设，打造出国际一流的媒体。"在复杂激烈的国际信息竞争中，中国媒体想赢得主动、占领先机，就要加快'走出去'步伐，积极融入国际传播体系。实践证明，推进媒体在海外本土化发展，是加强国际传播能力建设的有效途径。"② 中国媒体近年来践行"走出去"战略，积极扩展全球媒体网络，构建出了覆盖全球的报道平台，将中国价值观念融入我们的媒体报道之中，为国外受众提供了观察国际事务的中国视角，并帮助他们理解中国在有关问题上的立场主张。

印度报纸《印度斯坦时报》指出，中国政府长期以来诟病西方媒体掌控国际话语权，近年投入大量资金来增强自身影响力并塑造全球舆论，中央电视台就是先锋部队之一。中国官方媒体肩负双重任务，一方面正在成为全球值得信赖的媒体巨头；另一方面担负中国共产党宣传喉舌的重要作用。③ 英国路透社对中国媒体扩展全球网络取得的成绩表示认可。报道称，在国家的积极鼓励下，包括电视、广播和互联网在内的中国新闻媒体在全球范围内不断扩展，以驳斥世界其他媒体对中国形象的负面报道。新华社在世界各地设立分支机构，中央电视台在美国开设 24 小时不间断的英文频道，中国日报在全球范围内发布不同地区版本的

①《习近平：建设社会主义文化强国　着力提高国家文化软实力》，载于《人民日报》2013 年 12 月 30 日。

② 蔡名照：《讲好中国故事，传播好中国声音》，载于《人民日报》2013 年 10 月 10 日。

③ "China's CCTV Launches Global 'Soft Power' Network to Extend Influence", *Hindustan Times*, December 31, 2016.

报道。① 英国《独立日报》指出，中央电视台和新华社在包括中东、拉美和非洲在内的世界各地派驻大量记者进行广泛的报道。与此形成鲜明对比的是，由于预算缩减，西方媒体在中东、拉美和非洲地区的影响正在逐步消退。②

十八大以来，中国不断丰富对外宣传手段，积极扩展对外传播平台和载体，努力传播当代中国价值观念，将其贯穿于国际交流和对外传播的方方面面。中国媒体推出了一系列英文视频短片，这种外国民众看得到、听得懂、听得进的宣传途径和宣传方式，引发了国内外观众的热议。许多海外媒体和学者纷纷对此表示赞扬，认为中国媒体正在积极地走向世界，新颖的传播方式有利于赢得国外民众好感，便于进一步宣传国家政策和中国道路。中国共产党的第一个公益广告《我是谁》在建党95周年纪念日推出，主角是来自不同行业的基层党员。这则公益广告一经播出，国内外好评如潮。美国智库观察人士纷纷表示这则广告制作精良，具有一定的传播效果，对其大加赞赏。"通过视频来讲中国故事是重要的"，美国太平洋国际政策理事会总裁杰拉德·格林如是评价。伍德罗·威尔逊国际学者中心基辛格中美关系研究所主任戴博表示，"《我是谁》制作水准高，展现了中国共产党人性化的特色"。不过，专家也指出，非传统的传播手段并不能解决所有问题。戴博认为，一些外国人对中国国内事务有长期的观察和思考，他们的观点并不会被活泼的卡通形象所左右。③

2015年10月十八届五中全会在北京召开期间，新华社发布的视频《十三五之歌》引发了外媒热议，称它以朗朗上口和积极正面的文化方式宣传了复杂的内容，极具幽默感。英国《每日

---

① "China's Xi Urges State Media to Boost Global Influence", *Reuters*, Feb. 29, 2016.

② "China State Broadcast CCTV Launches Global Media Network to Help Rebrand China Overseas", *Independent*, December 31, 2016.

③《中共新形态传播受到称赞》，载于《新华社新媒体专线》2016年10月4日。

电讯报》报道称，在习近平主席访问英国之后，如果你已准备好接受中国关于"十三五"规划的宣传，那么可以观看一下《十三五之歌》宣传视频。它欢快而生动地歌颂了"十三五"规划，视频内容非常友好，甚至包含一些幽默的内容，吸引年轻和时尚群体。①英国《金融时报》表示，新华社发布了一段介绍十八届五中全会的复古风动画视频。专为外国人设计的动画视频省略了很多细节，相反，它强调了此类会议的重要性，以及会前持续多月的研究和讨论。②《法国新闻社》指出，中国利用内容欢快且奇幻的音乐视频对国家政策进行宣传，使经济政策因此受益。《十三五之歌》展现出了非同寻常的幽默感，它还表明中国在努力吸引外国观众。③美国《赫芬顿邮报》认为，《十三五之歌》和《中国遇见加州》等视频在内容方面，避免了咄咄逼人的宣传方式或公开的民族主义形式。视频在形式方面，混合了色彩斑斓的动画图像和朗朗上口的音节旋律，不落俗套，与中国以往的宣传方式不同。中国正在推动官方媒体走向世界，以赢得海外民心。④

2013年10月，视频短片《领导人是怎样炼成的》在网络上大热，短片活泼幽默地向观众们描绘了中国领导人产生机制，即"经过几十年的不断选拔和考验"以及"选贤任能"等。新加坡《联合早报》称，这不仅让外国人耳目一新，对中国人来说也是第一次以如此亲民的方式近距离地感知领导人与普通人的关系，这种全新的国际传播形式改变了世界对中国国家领导人形象的认

---

① "Chinese Communist Party Release Bizarre English – Language Propaganda Music Video about Their Five Year Plan", *The Telegraph*, Oct. 27, 2015.

② "Animated Video on China's 5 – Year Plan Goes Viral", *Financial Times*, Oct. 27, 2015.

③ 《外媒关注中国发布〈十三五之歌〉：欢快生动极具幽默感》，载于《中国日报网》2015年10月29日。

④ "Groovy Chinese Propaganda Video Promotes Country's Five – Year Plan", *Huffington Post*, Oct. 27, 2015.

知，更显亲民风。[①] 短片积极主动地回应了海外民众关于中国特色社会主义民主以及如何选拔中国领导人等问题，进一步向世界传播了中国声音，讲好了中国故事。

在以习近平同志为核心的党中央大力推动和支持下，近年来我国智库行业蓬勃发展，引起国际社会的密切关注。2013 年 11 月，十八届三中全会提出建设中国特色新型智库，建立健全决策咨询制度。这表明加强中国特色新型智库建设，已成为推进国家治理体系和治理能力现代化的组成部分。习近平总书记强调，我们进行治国理政，必须善于集中各方面智慧、凝聚最广泛力量。重点建设一批具有较大影响和国际影响力的高端智库，重视专业化智库建设。这既为中国智库的发展提出了挑战，也为各类智库发挥作用提供了广阔的空间。

在智库数量方面，除美国外，目前我国智库的数量远超其他国家，并且建成了一批有世界影响力的智库。2017 年 2 月发布的《全球智库报告 2016》显示，中国依然是世界第二智库大国，拥有 435 家智库。[②] 在 2016 年全球智库综合排名榜单 175 强中，有 9 家中国智库入选。这充分显示了我国智库建设水平得到了国际社会的认可。

欧洲对外关系委员会发布的研究报告——《中国智库百花齐放》对建设中国特色新型智库取得的成就进行了肯定。报告指出，作为中国"软实力"的一部分，智库向世界传播中国的观点，在处理外交与国际关系中具有不可替代的作用，对于增强中国软实力十分重要。中国智库在对外联络方面肩负起新的作用并积极开展新活动。在政府的政策支持下，中国智库展开了大量活动，迅速扩展国际合作网以及公众影响力。中国智库可以利用这

---

① 韩方明：《文化软实力将是 2014 年中国的新关键词》，载于《联合早报》2014 年 1 月 2 日。

② James McGann, "2016 Global Go to Think Tank Index Report", University of Pennsylvania, Jan. 26, 2017.

样的机会"讲好中国故事"，构建中国的国际形象。智库还可以向国外听众阐述中国发展模式，促进与其他主要投资方的战略合作，就具体项目提供建议和风险评估。[①]

报告还强调，智库与"一带一路"等国际项目密切相关，为这些项目的顺利实施提供相关政策支持，并开展与国际合作伙伴的战略协作。例如，"一带一路"倡议将是中国主导的第一个真正意义上全球范围的项目。围绕着"一带一路"倡议将产生诸多问题，比制定国内发展战略更为困难复杂，这为智库展现自身独特能力提供了广阔的空间。尤其是在区域问题研究领域实力雄厚的外交政策型智库，十分适合"一带一路"倡议等国际项目。一些智库已经加入了如"一带一路智库合作联盟"和"蓝迪国际智库平台"等智库网络。这些智库网络平台旨在促进国际交流，为中国企业提供咨询服务。由中国与16个中东欧国家构成的"16＋1"框架包含了中国与欧洲政策研究机构定期会面的交流机制，如何推动"一带一路"倡议同欧盟发展战略对接成为中国智库与欧洲各智库磋商的主要议题。[②]

三、"文化强国"战略迎来文化产业大繁荣

建设社会主义文化强国，是十八大以来党中央立足于中国特色社会主义事业发展全局，着眼于实现中华民族伟大复兴的一个重大战略任务和目标。习近平总书记指出，"要坚持走中国特色社会主义文化发展道路，弘扬社会主义先进文化，推动社会主义文化大发展大繁荣，不断丰富人民精神世界，增强人民精神力

---

①② François Godement, "A Hundred Think Tanks Bloom in China", *European Council on Foreign Relations*, Aug. 25, 2016.

量，努力建设社会主义文化强国"。①

早在十七届六中全会审议通过的文件《中共中央关于深化文化体制改革、推动社会主义文化大发展大繁荣若干重大问题的决定》就首次提出了建设"文化强国"的长远战略。党的十八大以来，以习近平同志为核心的党中央高度重视文化建设，对文化改革发展作出一系列重要论述，提出许多新思想、新观点、新要求。十八大提出要加快推进文化惠民工程，推动公共文化服务设施向社会免费开放；十八届三中全会提出"建立健全现代公共文化服务体系"；2014 年 2 月，中央全面深化改革领导小组审议通过《深化文化体制改革实施方案》，表明新一轮文化体制改革大幕已经拉开；十八届四中全会提出，要制定公共文化服务保障法；2015 年初，中办、国办印发《关于加快构建现代公共文化服务体系的意见》，对现代公共文化服务体系建设进行了顶层设计。这一系列政策文件的制定和颁布为建设社会主义文化强国这一宏伟目标吹响了前进的号角。

十八大以来，一些海外中国问题研究机构对我国发布的一系列与文化建设相关的政策文件保持了密切关注。德国智库墨卡托中国研究中心在报告《优秀的公民，灿烂的文化：第十三个五年规划中的文化建设》中指出，在近期发布的"十三五"规划中，中国政府明确表示会起到更加积极的作用来塑造现代中国文化和道德的轮廓。五年计划中的文化战略隶属国家建设项目的一部分，中国共产党希望构建与自身紧密联系的强烈民族认同感。这些理念并非全新的，"十三五"规划提供了一个最为清晰且简洁的话语来塑造中国人民和社会的价值观。"十三五"规划再次重申了党和国家在文化领域的规范性作用，而不是仅仅单纯将文化

---

① 《习近平：建设社会主义文化强国　着力提高国家文化软实力》，载于《人民日报》2013 年 12 月 30 日。

作为经济商品，如"文化基础设施"和"文化产业"等。①

1. 文化产业成为中国经济新引擎。

在国家推出一系列相关政策大力支持、"互联网＋"与传统行业相结合以及大量内外资本涌入等利好情况下，中国文化产业正处于前所未有的"黄金时代"。新加坡《联合早报》指出，"中国政府已经意识到文化软实力所能带来的巨大文化和经济效益，'十三五'规划明确提出要'推动文化产业结构优化升级'，成为未来国民经济支柱产业；'互联网＋'政策利好，鼓励内容传播通路的全面扩大。'文化中国'未来的发展与传播将不可小觑。"② 对此，一些海外媒体和研究机构分析评论认为，文化产业已经成为中国经济新引擎。

美国德勤会计师事务所发表《中国文化娱乐产业前瞻：电影新纪元》报告称，2015 年，涵盖了电影、网络视频以及电视三大行业的产业总体规模约为 4 500 亿元人民币，预计 2020 年有望增至 1 万亿元，并在电影票房及观影人次上超越北美，成为全球第一大市场。在电影方面，中国已在全球票房增长速度中领先，并且预测在 2020 年将成为全球第一大市场。在网络视频方面，各大视频网站实现了快速增长，并在收入模式以及成本结构上进行创新改善。在电视行业内，中国已成为全球最大的电视剧生产国，未来将向全球市场拓展受众。③

2. 文化产业积极"走出去"。

近年来，伴随着国家对文化产业的大力支持，中国文化产业蓬勃发展，中国资本积极进军海外文化产业市场。中国企业已经

---

① Jessica Batke, "Good Citizens, Splendid Civilization: Culture in the 13th FYP (Part 3 of MERICS series)", *Mercator Institute for China Studies*, March 29, 2016.

② 《〈琅琊榜〉刮起'琅琊风'，中国娱乐产业从娱己到娱人》，载于《联合早报》2016 年 10 月 1 日。

③ 《中国文化娱乐产业前瞻：电影新纪元》，载于 Deloitt 官网，https://www2.deloitte.com/cn/zh/pages/technology-media-and-telecommunications/articles/chinese-culture-entertainment.html。

成为国际知名传媒公司的重要股东，直接参与了国际娱乐产业的发展。韩国《中央日报》报道称，因制作《制作人》、《Oh 我的鬼神大人》和《洛城生死恋》等电视剧而出名的韩国影视建造公司绿蛇传媒以及制作了动漫电影《坚果行动》的韩国动漫制作公司 RedRover，中国企业成为它们最大的股东。截至 2015 年底，中国 DMG 娱乐传媒集团持股绿蛇传媒 25% 左右、苏宁环球持股 RedRover20% 左右。此外，中国华谊嘉信通过 214 亿韩元规模的有偿增资成为韩国娱乐上市公司 SIGNAL 的最大股东。出品电影《大明猩》的影视特效公司 Dexter 也在科斯达克上市之前收到了来自万达集团子公司等中国方面 200 亿韩元（约合人民币1.1 亿元）左右的投资。①

　　除了入股影视娱乐公司，中国资本还积极收购影视文化的平台载体，中国民营企业万达集团的影院版图已经拓展到了美洲、欧洲和澳洲。新加坡《联合早报》指出，2012 年，万达斥资 17亿美元买下拥有约 5 000 个银幕的美国第一大连锁院线 AMC 公司。2015 年，万达院线以超过 4 亿英镑并购拥有 450 块银幕的澳大利亚第二大电影院线 Hoyts。2016 年 7 月，万达集团旗下美国AMC 院线宣布以 9.21 亿英镑收购总部位于伦敦的欧洲最大院线Odeon & UCI。②

　　以韩国为例，游戏、娱乐等文化产品已经成为中国资本向韩国投资的活跃领域。韩国《中央日报》援引韩国中小企业厅推算，截至 2015 年 9 月，包括香港在内的中国资本向韩国 30 多个企业总共投资了约 3 万亿韩元。从各行业来看，30 多家企业中17 家是游戏、网络和娱乐领域的。从投资规模来看，向 11 家游戏、网络企业投资了 8 110 亿韩元，向 6 家娱乐企业投资了 1 386

---

① 《中国大举投资韩国娱乐文化产业　韩媒：互惠双赢》，载于《参考消息》2016 年 1 月 29 日。

② 《〈琅琊榜〉刮起"琅琊风"，中国娱乐产业从娱己到娱人》，载于《联合早报》2016 年 10 月 1 日。

亿韩元，总投资接近 1 万亿韩元。韩国中小企业厅预测，因"中国政府的投资程序简化、投资认可金额的提高"等制度上的支持，中国资本对韩国投资将持续扩大。韩国西江大学经营系丁有信教授分析称，"尤其是 2014 年 11 月韩中双方宣布韩中 FTA 实质性谈判结束之后，中国资本对韩国娱乐产业的投资更是不断扩增，为了躲避文化产品进口规定的直接投资呈现增加趋势"。①

韩国《中央日报》援引韩国文化振兴院的研究指出，2016年文化产业十大趋势之一是"中国资金的扩散，中国文化的逆袭"。韩国文化振兴院预测，中国资本将对韩国文化产业持续投入，影响力也会随之增大，同时中国制作的文化产品也可能进军韩国。韩国优秀的人力资源和中国的资本、故事情节相结合，可以增加文化产业本身的竞争力。②

近年来，中国影视作品在海外受到热捧。改编自网络小说的古装电视剧《琅琊榜》继红遍中国大江南北之后，走出了国门，登上外国电视观众的荧屏。该剧已被外国网友翻译成法、意等19 种语言，电视版权被美国、韩国、日本、新加坡等 9 个国家引进，全球刮起了一股"琅琊风"。新加坡《联合早报》报道指出，《琅琊榜》剧中服饰、音乐深深吸引了这群原本不谙中国文化的外国人，复杂的历史背景也没有成为外国观众理解剧情的障碍，他们与剧中人物情感产生了共鸣。另一部以穿越为题材的中国古装宫廷剧《步步惊心》被韩国重新翻拍，并在韩国无线电视台黄金时段播放。有别于以往引进韩剧，此次"华流"文化输出是"里程碑式的逆袭"。报道还称，除了《琅琊榜》和《步步惊心》之外，《后宫甄嬛传》改编后在 2015 年登陆全球最大收费视频网站 Netflix，《花千骨》《云中歌》《陆贞传奇》《美人心计》也出口至新加坡、菲律宾、马来西亚、越南等国家的电视

①② 《中国大举投资韩国娱乐文化产业　韩媒：互惠双赢》，载于《参考消息》2016 年 1 月 29 日。

台播映。这些电视剧和综艺节目的热播，都得益于近年来中国文化娱乐产业爆发式的增长。①

新加坡《联合早报》评论道，"中国文化娱乐产业正迎来一个发展的黄金期。中国政府也意识到文化软实力所能带来的巨大文化和经济效益，明确提出要'推动文化产业结构优化升级'，成为未来国民经济支柱产业。一个拥有 13 亿人口的大市场，具备了发展的纵深优势。一旦发展起来，其文化传播攻势是一浪接一浪而来。专业的标准化制作流程和产出，结合中国悠久文化和美学而制作出来的原创内容，'文化中国'未来的发展与传播将不可小觑。"②

十八大以来，在以习近平同志为核心的党中央领导下，我国以"文化自信"理念为指导建设"文化强国"，取得了巨大成就，国际社会对此有目共睹。中华优秀传统文化为治国理政提供了重要的思想源泉。中国国家文化软实力得到了提高，国家形象得到了显著提升。我国媒体积极融入国际传播体系，在国际事务上发出中国声音。中国特色新型智库建设如火如荼，一跃成为全球第二智库大国。文化服务产业成为中国经济新引擎，中国资本和中国作品纷纷进军国际文化市场。这些成就无不让我们欢欣鼓舞、骄傲自豪。关于中国下一步应该如何继续实施"文化自信"战略、建设"文化强国"，海外学者也纷纷提出了可供参考的意见和建议。

美国学者沈大伟指出，中国某些企业不端的海外商业行为可能会将数十年营造的正面国家形象毁于一旦。"尽管中国在全球公众调查中的总体好感评分仍然十分高，且在发展中国家中整体形象是积极的，但是值得注意的是，近年来因中国商业行为不断

---

① ② 《〈琅琊榜〉刮起"琅琊风"，中国娱乐产业从娱己到娱人》，载于《联合早报》2016 年 10 月 1 日。

扩展，好感度略有下降。"① 中国在非洲和拉美地区对能源资源和原材料的开采，导致了一些负面评价。对此，我们应该进一步发展文化软实力，积极化解国际社会对我国的误解。同时，我们也应该正视这些不实的批评。正如沈大伟说到，或许这是成为世界大国的必经之路，不是所有人都会喜欢你。

每年中国在海外投入大量资金，用以提高国家软实力。但是，中国政府不能仅以建造高铁或基础设施——投入资金、期待看到发展的方式来践行公共外交。软实力需要在社会中优秀公民在与国际社会进行直接互动的过程中赢得。②

韩国檀国大学教授金珍镐（Kim Jin Ho）认为，目前中国社会正处于巨大的变迁中，需要践行"文化自信"战略和打造"文化强国"。实施"文化自信"战略对于提高民众的爱国心大有裨益。他还强调，文化是一泉活水，是在民间自然而然形成并发展的，不能单纯依靠政府推广。中国政府主导的"文化自信"应该将中国传统文化和当代社会主义文化相融合，并积极汲取外来优秀文化的养分。③

① David Shambaugh, *China Goes Global: The Partial Power*, New York: Oxford University Press, 2013, P. 165.

② David Shambaugh, "China's Soft Power Push: The Search for Respect", *Foreign Affairs*, July/August, 2015.

③ 笔者就"文化自信"战略等相关问题，采访了韩国檀国大学政治外交学系金珍镐教授。以上为金教授回答实录。

第八章

绿色发展：为世界
做出新贡献

　　"进入21世纪，世界发展的核心是人类发展，人类发展的主题是绿色发展。"① 党的十八大以来，面对资源约束趋紧、环境污染严重、生态系统退化的严峻形势，针对我国经济社会发展过程中出现的环境污染和生态破坏等问题，以及世界范围内的绿色发展潮流，习近平总书记就绿色发展问题发表了一系列重要讲话，阐明了其绿色发展理念，认为推进绿色发展是生态文明建设的必由之路，必须大力推进绿色发展。"打破旧的思维定式和条条框框，坚持绿色发展、循环发展、低碳发展。"②

　　党的十八大将生态文明建设纳入中国特色社会主义事业"五位一体"总体布局。党的十八届三中全会提出紧紧围绕建设美丽中国深化生态文明体制改革，首次确立了生态文明制度体系。十八届四中全会要求用严格的法律制度保护生态环境。特别是十八届五中全会，把绿色发展作为党和国家的执政理念，提升到了一个新的战略高度，"坚持走生产发展、生活富裕、生态良好的文

---

　　① 清华大学国情研究中心胡鞍钢、王亚华：《国情与发展》，清华大学出版社2005年版。
　　② 习近平：《深化改革开放　共创美好亚太——在亚太经合组织工商领导人峰会上的演讲》，载于《人民日报》2013年10月8日。

明发展道路"①。中共中央国务院发布的《关于加快推进生态文明建设的意见》明确提出："坚持把绿色发展、循环发展、低碳发展作为基本途径。"②"十三五"规划建议指出，"绿色是永续发展的必要条件和人民对美好生活追求的重要体现。坚持可持续发展，坚定走生产发展、生活富裕、生态良好的文明发展道路，加快建设资源节约型、环境友好型社会，就是要求我们以更高质量推进生态文明建设，给子孙后代留下天蓝、地绿、水净的美好家园。"③

绿色发展理念吸引了世界关注。国际社会高度评价中国绿色发展理念、举措和成效，认为中国强调绿色发展，展现了大国的决心和担当，为全球的生态安全和可持续发展做出了贡献。

一、绿色发展彰显中国可持续发展理念

实现绿色发展，建设生态文明，是关系人民福祉、关乎民族未来的长远大计，是实现中华民族伟大复兴的中国梦的重要内容。近年来，国际社会对中国绿色发展理念和生态文明建设实践给予高度评价。

1. 绿色发展显示中国从上到下的决心。

海外舆论高度关注党的十八大以来中央领导的有关讲话、中央出台的各项法律法规，以及不断增加的财政投入等，强调新一届中央政府将生态文明建设纳入国家整体发展布局，体现出绿色

---

① 《中国共产党第十八届中央委员会第五次全体会议公报》，人民网，http：// cpc. people. com. cn/n/2015/1029/c399243 - 27755578. html。

② 《中共中央国务院关于加快推进生态文明建设的意见》，载于《人民日报》2015 年 5 月 6 日。

③ 《中共中央关于制定国民经济和社会发展第十三个五年规划的建议（全文）》，新华网，2015 年 11 月 3 日，http：//news. xinhuanet. com/fortune/2015 - 11/03/c_1117027676. htm。

发展的决心。

党的十八大召开后,澳大利亚气候研究所首席执行官约翰·康纳（John Connor）在接受新华社记者专访时表示,中国共产党在十八大报告中强调推进生态文明建设非常重要,这是一个强烈的信号,反映出中国政府决心实现其"十二五"规划中的相关目标,也表明中国在生态可持续发展方面是个认真的实践者。

美国前副总统戈尔（A1 Gore）2016 年 4 月 7 日在哈佛大学的演讲中强调了中国在应对气候变化方面的决心,以及引人注目的碳排放指标。

美国经济学家劳伦斯·布拉姆（Laurence Brahm）2015 年 10 月在接受俄罗斯"卫星"网采访时称,中国共产党领导人将呼吁采取新型增长方式,比起最近十年来,仅对高速发展工业下注的模式,新增长方式更加完整和均衡,中国国家主席习近平领导下的中国共产党,将开启"生态文明"时代。[1]

剑桥大学教授马丁·雅克（Martin Jacques）指出,"中国发展不好的一面在于对环境的破坏,而好的一面在于中国领导人看起来是非常坚定地要改变这一现状。"[2]

东部非洲野生动物保护协会高级职员奈吉尔·翰特尔 2015 年 11 月对人民日报记者表示,中国提出坚持绿色发展,坚持节约资源和保护环境的基本国策,体现了一种从上到下的决心。"中国政府主动淘汰落后产能、重新修订环保法等,表现出政府治理环境的决心。而环境保护与老百姓的日常生活息息相关,中国老百姓在日常生活中践行环境保护的点点滴滴也正形成一种自下而上的推动力"。翰特尔认为,中国在环境保护方面将很快会有质的飞跃。

----

① 《美专家:中国将看重社会和环境需求　创生态文明时代》,载于《环球时报》2015 年 10 月 28 日。

② 《看 27 名海外政要学者解读中国"十三五"规划》,载于《南方都市报》2016 年 3 月 18 日。

　　一些学者基于中国与其他国家的对比，肯定中国在绿色发展上的决心。迈尔斯·麦肯纳（Miles McKenna）2013 年 7 月在《外交官》杂志发文认为，在采取行动应对环境变化方面，中国已遥遥领先于美国。如中国于 2013 年通过排污权交易方案，建立了规模世界第一的排污权交易系统，而美国至今没有全国性排污权交易系统，各州各自为政；中国制定了大规模发展清洁能源的目标，而美国联邦政府没有制定任何国家级产能目标；中国正在向高耗能国有企业推行严格的能效管理条例，而美国的大公司则难管控得多。

　　布鲁金斯学会全球经济和发展项目高级研究员阿马尔·巴塔查雅（Amar Bhattacharya）注意到中国在污染治理上付出的巨大努力，"中国计划每年要花费 GDP 的 3% 来治理水污染和空气污染。中国在治理污染基础设施方面的花费，要比巴西全年在所有生活基础设施上花的钱还多"。①

　　美联社 2015 年 12 月 12 日报道《北京和新德里：两座城市以及两种治理雾霾的方式》称，北京日渐增加的中产阶级要求严控污染，政府正通过交通限行、外迁污染企业以及减少煤电使用等措施治理雾霾。紧急情况下，北京发布空气重污染预警，实行关闭建筑工地、严格限行、学校停课等措施。而新德里尽管空气污染远比北京严重，但治霾刚起步，在交通限行等可能引起不便的问题上难以采取有效措施；在发展经济面前，对生态保护重视不够。文章还认为，中国的权力体系有利于环境治理，北京与周边地区的联动治理就是很好的证明。

　　2. 绿色发展构建了生态文明的制度体系。

　　国际社会积极评价中国践行绿色发展理念，将生态文明建设的承诺付诸实践，特别是积极加强生态文明制度建设，将生态文

---

　　① 《看27名海外政要学者解读中国"十三五"规划》，载于《南方都市报》2016 年 3 月 18 日。

明建设提升到战略高度，促进经济可持续发展。

2012 年 11 月，欧洲议会欧中友好小组主席、欧洲议会议员尼吉·德瓦在接受新华社记者专访时表示，中国运用科学发展观让人们摆脱贫困，在发展经济的同时，非常注重环境保护。中共十八大报告将生态文明建设写入党章，这一举措非同寻常。

积极倡导生态文明的美国后现代发展研究院常务副院长王治河表示，生态文明不是种种花草、治治污染。生态文明是人类文明的一种新形态，是对西方主导的工业文明的全方位超越。中共十八大报告将之写入党章，标志着生态文明已上升到中国国家战略的高度。①

最早清晰定义"生态文明"概念的美国著名生态文明研究专家罗伊·莫里森（Roy Morrison）在 2005 年出版的论著《生态文明：2140——一部 22 世纪的历史和幸存者日记》中预言："从 2070 年到 2090 年，中国在世界可持续发展方面将起到引领作用。"2013 年，莫里森在接受新华社记者专访时充分肯定了中国生态文明制度体系的前进方向，表示"中国领导人希望在改善生态环境的前提下，继续进行经济改革，增加投资，实现经济增长，非常期待看到中国能够实现这样的目标"。

从中国考察归来的美国阿肯色里昂学院保罗·布伯（Paul Bube）博士十分感慨地说："我认为，中国是学习、了解生态文明的好去处，首要理由就是中国政府将这一理念写进了官方规划，即中国将来要超越工业文明最糟糕的方面，建成一个生态文明社会。"②

3. 绿色发展将人类福祉置于中心位置。

绿色发展既是民生，也是民意。随着社会发展和人民生活水平不断提高，良好生态环境成为人民生活质量的重要内容，在群

---

① ② 《美国专家：看好中国的生态文明建设》，载于《光明日报》2015 年 3 月 8 日。

众生活幸福指数中的地位不断凸显。绿色发展的核心要义就是让良好生态环境成为普惠的民生福祉，成为提升人民群众获得感、幸福感的增长点。

中国对绿色发展的重视和投入，为人民创造了良好的生活环境，得到了国际社会的高度肯定和赞誉。

经济合作与发展组织的报告显示，绿色发展是一种新的经济发展举措，它将人类福祉置于发展的中心位置，确保自然资产继续为可持续发展提供必要的资源与环境服务。绿色发展扩展了财富、福祉、增长与发展质量的传统定义。绿色发展是实现可持续发展的一种方式，它以理性的方式优化资源利用，引导选择可持续的生产与消费模式。那些将绿色发展置于中心位置的政府能够实现经济可持续增长、社会稳定，同时保护环境、为子孙后代保留资源。为了避免自然资源的枯竭、气候变化与社会不安全，协调经济发展、环境保护与自然资源的可持续管理之间的关系十分重要。①

美国外交学会亚洲研究中心主任易明（Elizabeth Economy）2012 年 11 月接受新华社记者采访时说，近年来，中国对环境保护更加重视，注意到环保与居民健康之间的关系，对环保的投入占国内生产总值的比重不断增加，这是非常积极的力量，中国人正在为自己和子孙营造更好的生存环境。

法国巴黎第八大学地缘政治学博士、中国问题专家皮埃尔·皮卡尔（Pierre Picquart）认为，绿色发展和环境的可持续性不仅是中国未来发展的重要内容，也已经成为全世界发展的重中之重，其目的就是保护生物多样性和保证子孙后代的生活质量。近年来，中国领导人多次谈到生态文明建设，并在可再生能源领域进行了研究和投资，一些沿海城市的面貌发生了变化。"这一发展理念有助于让中国在经济持续发展的同时拥有更山清水秀、适宜

---

① 《绿色，彰显中国可持续发展理念》，载于《人民日报》2015 年 11 月 3 日。

人居的好环境，对于全球生态安全来说也有重要而深远的影响"，皮卡尔说。他指出，在绿色发展成为中国未来发展重要目标的同时，中国没有忘记创新、协调、开放、共享的发展理念，这些想法能够促进环境和经济的共同发展。[①]

埃及《黎明报》记者艾哈迈德·哈桑（Ahmed Hassan）撰写了一篇有关中国清洁能源的报道，对中国绿色发展的理念非常赞赏。2015 年 11 月，他接受《人民日报》记者采访时说，中国优化能源使用效率、提升产业结构，煤炭等传统能源占比逐步下降，发展更加绿色，这对以消费传统化石能源为主的中东地区很有启示。

综上所述，海外媒体、学者和一些国际组织机构对我国绿色发展的评价大多集中在我国经济增长方式转变、生态文明制度建设，以及环境治理举措等方面，具有较强的现实性和说服力。也有一些评价和看法侧重党和国家领导人的重要讲话和举办的一些相关重要会议，他们对我国绿色发展有着良好的预期和积极的评价。有利的国际舆论对推进我国绿色发展具有积极意义。

二、绿色发展展现中国的大国担当

《巴黎协定》的签署让"中国展现了大国担当"的赞誉扑面而来。国际舆论分析认为，中国的气候行动在过去 5 年步入了一个全新时代，中国在自己的绿色低碳道路上坚定不移地走下去，将"绿色能量"不断扩散，给新兴经济体和发达经济体加强合作提供了一个"新样板"。中国展现出的"绿色雄心"为整个世界做出了积极贡献。

---

① 《绿色，彰显中国可持续发展理念》，载于《人民日报》2015 年 11 月 3 日。

1. 绿色发展为整个世界做出积极贡献。

中国在发展中倡导绿色、生态、低碳、循环的理念，改变以资源耗竭、环境污染支撑经济增长的发展方式，在实施控制温室气体排放、调整产业结构、节约能源、提高能效、优化能源基础设施、增加碳汇、适应气候变化等方面的持续行动，获得了全球的信任。国际社会高度评价中国为全球生态安全和可持续发展做出的贡献。

美国布鲁金斯学会高级研究员、美国前总统奥巴马亚洲事务首席顾问杰弗里·贝德（Jeffrey A. Bader）对新华社记者说，中国为其他发展中国家树立了榜样，"中国（应对气候变化）的贡献令人印象深刻"。他认为，中美两国今后在气候领域的合作也非常重要。

据新华社报道，美国智库世界资源研究所高级研究员宋然平认为，中国在《巴黎协定》通过过程中发挥了重要作用。中国作为第一批国家签署协定，并表示在 2016 年 9 月二十国集团峰会前正式加入，更是为协定的早日生效注入强大动力。就中国在应对气候变化方面所做的努力，宋然平评价说，中国的气候变化行动在过去 5 年步入一个全新时代。中国逐步建立了全面的气候变化政策体系，并有能源、制造、交通等行业的具体政策作为支撑。此外，中国明确了部门分工与协作，开始建立数据收集与监测机制，并不断探索利用市场机制达成政策目标。这些努力的成果是显而易见的。

"法国新闻电台"高度评价中国为落实《巴黎协定》所做的努力。该电台 2016 年 4 月 22 日在其网站发布的一篇文章中说，今年 3 月，中国公布的"十三五"规划提出的 13 个约束性指标中，10 个与生态环境相关。中国的战略举措不仅能够减少污染，还有助于建立以绿色工业为基础的新经济模式。"中国还提出了'生态文明'的概念，尽管目前还没有完全实现，但中国做出的努力是实实在在的。"

意大利环境部部长科拉多·克利尼（Corrado Clini）认为，中共十八大强调环境保护、建设生态文明，表明中国将继续在这一领域投入更多资源。中国过去几年在环保领域取得了长足的进步，为改善全球环境做出了重要贡献。[①]

挪威中国问题专家海宁·克里斯托弗森说，生态文明建设位居中国可持续发展的核心，它不仅对中国未来发展意义重大，并且将对整个世界产生积极影响。中国领导人在推进经济、政治、文化和社会建设的同时致力于建设"美丽中国"，对全球可持续发展至关重要。[②]

2014年澳大利亚墨尔本大学郜若素（Ross Garnaut）发表《中国在减缓全球气候变化中的角色》一文指出，在21世纪的头十多年，中国贡献了全球温室气体排放的大部分，但由于中国正在积极实施其2020年承诺，中国的排放趋势正发生积极变化，而且这种趋势被中国新的经济增长方式以及中国更加强调收入分配等方面的公平进一步强化。中国正在发生的变化对于全球气候治理目标的实现具有至关重要的影响。[③]

新加坡南洋理工大学拉惹勒南国际关系学院高级研究员胡逸山表示，"不论是在中国，还是在世界其他许多发展中国家，经济发展的可持续性仍有待加强。中国强调绿色发展，就是为了促进可持续发展，这将为中国和世界做出贡献"。[④]

吉尔吉斯斯坦前外交部部长叶克申库洛夫说，生态文明是世界发展的潮流，对中国这样的国家尤其重要，中国进行的生态文

①② 《国际社会积极评价中国大力推进生态文明建设》，新华网，2012年11月15日，http：//news.xinhuanet.com/politics/2012－11/15/c_113699851.htm。

③ Ross Garnaut, "China's Role in Global Climate Change Mitigation," *China & World Economy*, Vol. 22, No. 5, pp. 2－18.

④ 《国际人士高度评价中共中央治国理政新理念新思想》，载于《人民日报》2016年3月3日。

明建设成果也将惠及周边国家。①

埃及金字塔战略研究中心能源研究项目主任艾哈迈德·甘迪勒在 2015 年接受《人民日报》记者采访时表示，中国是世界第二大经济体，它的绿色、健康发展对世界非常重要。"中国走出一条环境友好、资源节约的发展之路，将使整个世界从中受益。"

英国路透社报道称，近年来，中国在降低单位国内生产总值二氧化碳排放上的成效令世界瞩目，中国确立的到 2030 年单位国内生产总值二氧化碳排放比 2005 年下降 60% ~ 65% 的目标"十分有力度"。路透社认为，到 2020 年，中国或将超额完成减排目标。

《人民日报》（海外版）报道，英国萨塞克斯大学研究员萨姆·杰尔（Sam Geall）称："多数对中国情况不了解的人还搞不清中国政府致力建设低碳经济的雄图大志，中国在可再生能源和低碳技术投资方面发挥着领导作用，并且也在向世界提供相关技术。"②

澳大利亚对话网刊文称，"中国制定的可替代能源发展目标领先于其他国家，可谓新兴的可再生能源超级大国"。随着绿色科技逐渐扩大市场并降低成本，中国对全球的能源选择已产生巨大影响。而中国未来将对绿色基础设施进行庞大的投资，包含重新造林、清洁城市发展和绿色建筑以及大量交通和农业实践等，并借此向那些仍认为绿色工业化只适合富裕国家的发展中国家提供一个新模式。

英国《金融时报》报道称，"中国绿色市场的开放为国际投资者提供了一个巨大机遇"。按照高盛集团估计，未来 5 年期间，"绿色服务"市场的潜在规模达到 1 万亿美元；同时清洁能源是另一个重大的市场机遇。利用市场原则以及证券化和收益工具等

---

① 《国际社会积极评价中国大力推进生态文明建设》，新华网，2012 年 11 月 15 日，http：//news. xinhuanet. com/politics/2012 – 11/15/c_113699851. htm。
② 2016 年 1 月 23 日，英国 BBC 中文网引述英国萨塞克斯大学研究员萨姆·杰尔的话。

创新金融结构，在绿色金融这一领域有望形成深度大、流动性好的公开资本市场。

美国马萨诸塞州史密斯学院教授丹尼尔·加尔德那在 2016 年的新书《中国的环境》中认为，经过三十多年的工业化发展，中国现在面临空气、水源和土壤污染等问题，系列环境污染事件唤醒了中国人的环境意识，政府采取更有力的环境保护措施，包括启动碳排放交易项目、在高污染地区设立煤炭消费上限以及加大治污投资等，中国的环保努力不仅有益于中国，也有益于整个世界。①

2. 绿色发展倡导全球气候合作。

随着我国在应对全球气候问题上地位和作用的凸显，国际社会越来越多地关注我国与其他国家在应对全球气候变化上的合作及其意义，并对此予以高度评价。

2014 年 11 月，中美发表应对全球气候变化联合声明。对此，欧洲政策研究中心的安德里·马库（Andrei Marcu）在一篇文章中分析了中美双方的承诺和中美气候合作的重要意义，指出虽然两国都做出了巨大努力，但距离政府间气候变化专门委员会报告所要求的减排力度还有很大差距。鉴于中美两国的经济和温室气体排放量，中美气候变化联合声明对要在巴黎达成的新国际气候协议具有十分重要的推动作用，它给其他国家发出了一个清晰的政治信号，也给国际社会带来希望。②

2014 年，比利时欧洲学院门镜（Jing Men）教授在《亚欧期刊》上刊文指出，在气候变化问题上欧盟强调国际制度和规则，但国家间合作似乎更加重要，任何国际协议都必须由国家实施，随着中欧气候合作的深入，中国也朝向一个更加制度主义的趋势

---

① 郭永国等：《中国吹响环境污染治理号角》，中国网，2015 年 3 月 7 日，http：//news. china. com. cn/2015lianghui/2015 – 03/07/content_34984360. htm。

② Andrei Marcu, "The US – China Joint Announcement on Climate Change：Can the G2 Make a Difference?" *CEPS Commentary*, November 26, 2014.

转变，这对强化中欧气候合作具有积极的意义。[①]

荷兰鲁汶大学大卫·贝里斯（David Belis）等人在德国《碳与气候法评论》杂志2015年第3期"中国气候政治"专刊上撰文，详细分析了中国与美国和欧盟之间多层面的气候双边外交及其对全球气候治理的重大影响。作者分析了自2009年哥本哈根气候会议以来全球气候政治中权力关系的重新界定，而中国的崛起是理解这种权力关系重构的关键。正是在这种新的权力关系下，面对气候变化的重大挑战，能源和气候是中美欧三边之间合作最成功的领域之一，而在贸易和网络安全等领域的困难更加明显。这表明三方在能源和气候变化领域都找到了共同的目标，这种合作也许能够为全球气候政策提供积极的包容性的推动力。作者强调，气候变化已经从边缘进入到了国际关系的中心，在气候变化领域的成功合作具有潜在的扩散性，因为在低碳发展、贸易、就业、健康、能源安全和国家安全之间存在着许多协同的方面。气候变化需要更加合作性的新型外交，在气候变化领域的进步可以导致一个更具有包容性的国际体系，反过来，更高程度的合作也能够促进应对气候变化的更大进步。[②]

法国总统气候与环境国际谈判顾问玛丽－埃莱娜·奥贝尔（Marie－Hélène Aubert）于2015年11月接受《人民日报》记者采访时表示，法国政府非常关注十八届五中全会提出的发展理念，尤其是绿色发展理念，希望中国政府提出的构筑生态文明的雄心勃勃的计划、能源转型与经济现代化取得成功。中国政府提出绿色发展理念，表明中国政府希望能源转型与经济现代化朝着更加绿色的方向发展。绿色发展被提升到中国未来发展战略的高

---

① Jing Men, "Climate Change and EU – China Partnership: Realist Disguise or Institutionalist Blessing?" *Asia Europe Journal*, Vol. 12, No. 1 – 2, 2014, pp. 49 – 62.

② David Belis, Paul Joffe, Bart Kerremans and Ye Qi, "China, the United States and the European Union: Multiple Bilateralism and Prospects for a New Climate Change Diplomacy," *Carbon & Climate Law Review*, Vol. 9, No. 3, 2015, pp. 203 – 218.

度，也被确定为法中未来经济合作的重要领域。

2016 年中国"两会"召开之际，加拿大议员唐·戴维斯（Don Davies）在接受《中国日报》专访时指出："中国意识到需要应对气候变化和改善环境，这点最让我印象深刻。这方面的例子包括与美国签署环境协议，坚定地发展绿色科技，引领可持续能源发展。"①

肯尼亚智库非洲民主与领导力学会执行主任丹尼斯·柯德赫说，推进生态文明建设是一个非常正确的决策，不仅仅是理念上的进步，对于中国的发展来说，更具有战略层面的意义。生态文明建设拓展了中国关于"发展"的定义，反映出中国领导层对于人民健康和生活水平的重视。非洲国家希望学习中国发展的成功经验。中国生态文明建设理念的提出，也必将拓展中国政府和非洲政府之间未来在该领域的合作。②

3. 希望中国引领世界生态文明。

美国建设性后现代主义哲学家、著名生态经济学家、"绿色GDP"概念的提出者小约翰·柯布（John B. Cobb, Jr.）对中国的未来充满信心，认为中国是全球生态文明建设的表率。他衷心希望中国可以引领世界走向生态文明。柯布指出，创建生态文明需要巨大的、综合性的努力，并且在农村开始比在大城市更为可行。只有建立起人类、土地、生物之间的有机联系，才能实现生态文明。柯布认为，生态文明必须建立在农民信心不断增强的基础上。它需要加强对高效耕作方法的投资，给家庭和村庄带来和谐与稳定，这样也可加强乡村在未来危机中的生存能力。他同时强调，没有政府的支持和领导，就无法实现生态文明建设目标，"生态文明的建设能够而且必须从顶层激发和培养，换言之，政

---

① 《中国日报》独家专访 18 位海外学者，加拿大议员唐·戴维斯是其中之一。
② 《国际社会积极评价中国大力推进生态文明建设》，新华网，2012 年 11 月 15 日，http://news.xinhuanet.com/politics/2012 - 11/15/c_113699851.htm。

府需要扮演更加重要的角色"。政府应该提高农民应对困难的能力，提振农民的信心。①

美国生态文明研究专家罗伊·莫里森（Roy Morrison）指出，中国正从普通工业文明社会向以可持续经济增长为特点的生态文明转变，"这将昭示并引导整个世界朝这个方向发展"。②

美国自然资源保护委员会中国项目主任芭芭拉·菲纳莫雷（Barbara Finamore）2012 年 11 月接受新华社记者采访时表示，中国共产党将生态文明建设纳入国家整体发展布局的举措对确保中国的持续进步、改善公民的生活质量、保护全球环境安全至关重要。过去 20 年中，中国在推进绿色发展方面取得了巨大进步，为提高能效和利用清洁能源起到了表率作用。

加拿大洁能科技（中国）公司 CEO 汤友志 2016 年 3 月接受《中国日报》记者专访时认为，"作为一个有着 13 亿人口的发展中国家，中国正面临环境保护和可持续发展上的严峻挑战。然而，我一直印象深刻的是，在过去数年里，中国高层领导人反复强调建设生态文明的重要性，这是他们为中国经济和社会发展选择的道路。习近平主席多次在国内外重要场合提及建设中国的生态文明，这也是去年的全国人大和政协会议上的热点之一。事实上，中国必须认真对待环境问题，更好地利用有限的资源，实现经济增长、社会发展、环境保护和节约资源之间的平衡。中国应该、也有能力成为世界在建设生态文明、实现人与自然和谐相处问题上的领导者"。

美国著名智库——战略与国际问题研究中心中国力量研究项目主任葛来仪（Bonnie Glaser）与项目研究员马修·富奈奥尔于 2016 年 6 月发表在《国家利益》上的文章《关于中国实力的五大常见迷思》认为，对环境日益加剧的担忧促使中国努力探索水力、风力、太阳能等新能源以替代煤炭和石油，中国将成为发电

---

①② 《美国专家：看好中国的生态文明建设》，载于《光明日报》2015 年 3 月 8 日。

领域的全球领导者。

国际社会积极评价我国应对全球气候变化的贡献，并对此给予殷切期望。他们普遍认为，我国在全球气候治理中的作用日益举足轻重，我国的政策选择对于全球经济和人类未来发展方向具有极端重要性。他们认为，近年来我国的气候政策总体而言正趋向积极方面，在国际气候谈判中，我国也越来越持比较合作的态度和立场。同时，我们也注意到，一些人鼓吹气候变化问题上的"中国责任论"，过分强调我国在全球气候变化问题上的责任。对此，我国应坚持"共同但有区别的责任"原则，坚持全球气候治理的规则公平性。

三、绿色发展面临机遇和挑战

绿色发展在中国方兴未艾。国际社会高度评价中国的绿色发展理念及其成就，认为绿色发展可以避免西方国家的错误，同时，国外研究学者也对中国的绿色发展道路提出了一些建设性意见。

1. 绿色发展可以避免西方的错误。

美国著名学者菲利普·克莱顿（Philip Clayton）认为，西方哲学无法为人类提供解决文明危机的办法，而"中国人有足够的智慧，能够避免西方国家在现代化进程中所犯的严重错误"。中国领导人致力于推进中国成为后现代或是生态文明国家。中国有可能跳过西方过去200年间在发展进程中所犯的错误，采用后现代组织发展的原则进行国家建设。迄今为止，世界上没有一个国家能够直接从现代化之前跨越到后现代化时代。如果未来有，那只能是中国。①

---

① 《美国专家：看好中国的生态文明建设》，载于《光明日报》2015年3月8日。

美国俄勒冈大学约翰·贝拉米·福斯特（John Bellamy Fos-ter）教授非常关注中国目前的经济和社会发展情况。他表示，中国可以重新创造农村生活，重建富有活力的农村与农业。[1]

近年来积极倡导生态文明的美国阿肯色里昂学院保罗·布伯（Paul Bube）博士饶有兴致地介绍说，中国各地都在积极实践中央政府确定的生态文明建设国策，一些实验已经进行得很深入。在北京、广州等大城市，街头公示要求市民保护环境，大学自助餐厅里建议"低碳饮食"。在布伯博士看来，中国不仅充分认识到了过去几十年快速工业化所造成的污染问题，也在自觉地采取措施解决这些问题，"当然，这不可能在一夜之间完成"。比如在美国，从《清洁空气法案》的通过到洛杉矶及其他城市的空气质量改善，其间有相当长的"延滞时期"。中国在这一点上比美国强，因为在中国政府的引领下，应对全球气候变化、治理环境污染已经成为中国全社会的共识。[2]

2. 绿色发展需平衡环境保护与经济增长的关系。

随着经济的发展，环境资源的稀缺性逐步体现出来，环境问题正成为制约经济发展的一个瓶颈，必须平衡绿色发展与经济增长的关系，走科技先导型、资源节约型、环境友好型发展之路，实现由"环境换取增长"向"环境优化增长"转变，由经济发展与环境保护的"两难"向两者协调发展的"双赢"转变。

哥伦比亚著名经济学家、洛萨诺大学亚太研究中心主任恩里克·波萨达（Enrique Posada）2012 年 11 月接受新华社记者采访时说，十八大报告中有关经济和生态两部分很有新意，报告中多次出现"资源节约型、环境友好型社会"，"绿色、低碳"等字眼，说明中国正努力在最大化利用和保护资源的基础上实现经济的快速增长。

---

①② 《美国专家：看好中国的生态文明建设》，载于《光明日报》2015 年 3 月 8 日。

澳大利亚前总理陆克文在接受记者采访时说，"上一个五年，我认为中国取得的最大成就就是开始实行经济模式的转型。虽然这是一个非常艰巨的挑战，但我认为，中国政府分析得很到位，做出了一个很正确的决策，并且开始执行。接下来的五年，中国经济模式进一步转型升级，加上新的绿色发展理念，我们对中国现在和未来的经济发展保持乐观"。①

美国学者葛来仪与马修·富奈奥尔在《关于中国实力的五大常见迷思》中认为，中国已成为世界最大能源消耗国，如何平衡经济增长与环境及社会福利之间的关系，是中国面临的一大挑战。

美国外交学会亚洲研究中心主任易明在《中国环境危机的代价》一文中认为，尽管中央政府对环保工作提出要求，但有些地方官员仍倾向于集中能源和资源发展经济，因此，中国的环境治理除了需要设定目标和加大投资，还需要为地方官员和企业建立起合适的激励机制。她认为，环境危机可能对中国经济奇迹的持续、公共卫生秩序的维护以及良好的国际声誉构成威胁，中国应更多地激发地方与产业界维护环境的动力，发挥司法部门、环保团体与媒体的监督作用。

南加利福尼亚大学马修·卡恩（Matthew E. Kahn）教授在与清华大学副教授郑思齐合作的《北京的蓝天：中国经济增长环境》一书中认为，环境保护对自身和当地的未来发展有利时，地方官员才有改善环境的动力，他们在寻找"下金蛋的鹅"，即经济学的"激励相容"约束机制。②

2012年澳大利亚墨尔本大学斯蒂芬·米纳斯（Stephen Minas）指出，中国政府制定了积极的环境保护、降低能源强度和

---

① 《海外人士：十三五规划创新而务实　突显中国信心》，中国经济网，2015年11月4日，http://intl. ce. cn/specials/zxxx/201511/04/t20151104_6900162. shtml。

② Matthew E. Kahn, Siqi Zheng, *Blue Skies over Beijing*: *Economic Growth and the Environment in China*, Princeton University Press, 2016, P. 10.

提升清洁能源的目标，但自上而下的政策和目标达到的效果非常有限。当经济增长对地方官员而言是政绩考核的主要指标，且无有效的机制保障地方政府领导人对环境保护负责的话，国家法律法规和政策目标就会变得无效且无力，对省级和地方政府官员偏离方向的激励已经成为取得环保进步的巨大障碍。因此，应对气候变化是一个国家治理的问题，一些聚焦于激励因素的、非等级制的政策倡议更有助于促进"气候友好"的行为，比如公司采取的自愿能源效率承诺，地方政府、清洁技术公司与国际专家之间的伙伴关系以及地方政府的"问题绑定"等都是减缓气候变化的有效举措。[1]

3. 绿色发展应倡导低碳消费观念。

绿色发展要以生态文明引领消费文明，倡导绿色生活方式和低碳消费观念。海外学者研究了中国民众的消费观念和农业生产方式，并提出相应建议。

哈佛大学费正清中国研究中心前主任威廉·柯比（William Kirby）在对葛凯（Karl Gerth）2010年出版的《中国消费的崛起》进行评论时说，过去几十年的全球经济靠两个简单的原则支撑：勤俭节约的中国人制造一切，挥霍无度的美国人购买一切，但是，当中国人开始拥抱美式消费主义、引领世界消费、定义全球品位时（尽管这一刻还没到来），会出现愈发明显的社会不公、商业和政治精英的联合，以及无节制的环境恶化。

莱斯特·布朗（Lester R. Brown）在《B模式：拯救地球延续文明》中提出，在诸多消费领域，中国已经超过美国，中国正在发生的一切使经济学家相信，改变以美国为代表的西方生产和消费模式十分必要。

---

① Stephen Minas, "China's Climate Change Dilemma: Policy and Management for Conditions of Complexity," *Emergence: Complexity and Organization*, Vol. 14, No. 2, 2012, pp. 40 – 53.

近年来，不少美国学者强调，中国已成为世界最大消费国，在未来的发展过程中，中国需要警惕消费主义给环境带来的巨大压力。

国际社会在高度肯定中国绿色发展理念和道路的同时，研究分析了绿色发展面临的一些挑战，并对此提出建议。在平衡环境保护与经济增长关系问题上，海外舆论着重强调了地方官员的环保积极性以及环境问题可能给经济增长带来的负面影响，提出政治经济变革以及激励机制设计等建议。在消费观念问题上，海外学者批判了美式消费主义生活方式，并希望这能成为中国的前车之鉴。但也有的观点具有双重标准之嫌，甚至流露出"生态霸权主义"的论调。这种"生态霸权主义"论调激起人们的强烈反对，生态马克思主义者强调，解决环境问题不仅要改变部分中国人的消费主义价值观念，而且要彻底改造资本主义生产方式和生活方式，走向社会主义是消除生态危机的最佳选择。

"十三五"规划提出创新、协调、绿色、开放、共享五大发展理念，吸引了世界关注。国际舆论对此评价称，这不仅对中国治理非常重要，对全球治理也具有重要意义。近年来，绿色发展作为全人类共同面临的重要问题，已经成为各国政府高度重视、社会普遍关注的焦点问题。中国积极推动绿色发展，倡导绿色发展国际合作，得到了国际社会的高度肯定和积极评价。中国国家主席习近平2017年5月14日在"一带一路"国际合作高峰论坛主旨演讲中，倡议建立"一带一路绿色发展国际联盟"，这预示着中国将更好地践行绿色发展理念，深入推进中国和世界的可持续发展，为全球绿色发展做出更大贡献。

第九章

"中国方案"：提升大国地位

党的十八大以来，面对新的国际形势，以习近平同志为核心的党中央在外交政策上做出积极调整，加强与世界主要大国、周边国家和众多发展中国家领导人之间的互动，提出一系列大家耳熟能详的外交新理念，发起新倡议，推出新举措，构绘了中国外交不同以往的新格局和新气象，受到海外各界广泛关注。

一、外交战略从"韬光养晦" 转向"积极主动"

十八大以来，以习近平同志为核心的党中央将外交工作摆在特殊重要的地位。据参考消息网报道，"2013 年全国两会结束后，中国国家主席习近平即展开任内首访。从新春伊始的俄非四国访问，到美国加州的'庄园会晤'，再到金秋的中亚四国和东南亚之行，据不完全统计，仅仅半年多的时间里，习近平在国外访问的天数多达 33 天，这意味着，他有一个多月的时间都奔忙于世界各地。"① 海外学者普遍认为，十八大以来，中国在外交

① 谢来：《十八大后这一年》，参考消息网，http://ihl.cankaoxiaoxi.com/2013/1120/304641.shtml。

政策理念和路径上更加积极主动，在地区和全球问题上采取了"有所作为"的做法。

1. 国内政治经济社会情况不断变化，外交政策积极调整。

对于中国领导人在外交政策方面做出的积极调整及其原因，海外学者有如下解读：

澳大利亚新南威尔士大学人类和社会科学院副教授张建在《习近平领导下中国的外交新政——迈向和平崛起2.0？》一文中指出，在习近平执政之前及之初，海外中国研究学界一个普遍的看法就是新一届中国领导人会面临各种国内问题，因此外交事务将不会被放在首要地位。因此，人们预测中国的外交政策将会秉持以往被动性、反应性的传统。然而，令人意想不到的是，习近平在引领中国外交关系发展方面展现了非常积极的风采。新一届中国领导人展现出了积极主动的外交态势，例如，明确提出外交政策要捍卫国家核心利益，表示中国的和平发展外交政策要建立在互惠互利的前提条件下。同时，在具体的外交政策制定方面更加积极和协调，强调加强顶层设计和底线思维等。张建还指出，中国民众对维护国家主权的敏感性，以及中国国力不断提升伴随而来的国内社会对政府外交政策不断上升的期望值等，都是中国采取更加积极主动外交政策的原因所在。而中国政府以往的外交政策过多地依赖经济外交方式，通过与别国的经济联系来加强政治和战略关系，在处理外交关系中缺乏软实力手段，难以形成和影响国际政治秩序。这些也都是中国外交政策转变的内在因素。[①]

除了中国国内的经济社会基础，也有国际学者将中国外交政策的调整归功于强有力的中国新一代政治领导人的外交智慧。美

---

① 张建：《习近平领导下中国的外交新政——迈向和平崛起2.0？》，China's new foreign policy under Xi Jinping: towards' Peaceful Rise 2.0'?, Global Change, Peace & Security, Vol. 27, No. 1, 5 – 19, 2015, http: //dx. doi. org/10. 1080/14781158. 2015. 993958。

国外交关系委员会亨利·基辛格、美国外交政策高级研究员罗伯特·布莱克威尔、美国前东亚及太平洋事务助理国务卿库特·坎贝尔在《国际舞台上的习近平:一位强势而开放的领导人带来的中国外交新政》一文中指出,习近平的外交政策坚决、自信,重要的是,其外交政策既强调硬实力,也强调软实力,展现了多样化特征。新一代的中国国家领导人在外交方面更加强势地捍卫国家核心利益,更加积极主动地拓展海外资源。[①]

2. 采取积极主动外交政策,更好适应国际形势风云变幻。

中国政府的外交政策调整既有内部因素,也有国际环境变化的外部因素。在国际学者看来,美国亚洲政策的调整和中国与部分周边国家在领土纷争方面的相对紧张局势是中国外交政策调整的重要外部因素。

张建指出,尽管习近平为首的中国领导人也认为中国的复兴关键需要一个稳定的外部区域环境,但与其前任们相比,新一届中国领导层面临着一个完全不同的地区环境。2004年初,中国首次提出"和平崛起"的外交战略时,是有着相对和平的外部环境的,这很大程度上有赖于美国被伊拉和阿富汗战争牵扯了大量的精力。这两场战争为中国国内发展和扩大地区影响力提供了战略机会和空间。而美国2010年做出了"重返亚太"的战略调整,从根本上改变了中国的外部战略环境,尽管华盛顿一再强调美国的战略调整是基于其整个战略布局做出的,并非为了限制中国不断上升的区域影响力从而确保美国在亚太地区的领导地位。因此,不同于过去十年,新一代的中国国家领导人面临着来自美国的越来越大的政治战略压力。同时,中国与其邻国在南海和东海的纷争也进一步加剧了中国严峻的外部环境压力,因为整

---

① 罗伯特·布莱克威尔、库特·坎贝尔:《国际舞台上的习近平:一位强势而开放的领导人带来的中国外交新政》(Robert D. Blackwill and Kurt M. Campbell, Xi Jinping on the Global Stage: Chinese Foreign Policy Under a Powerful but Exposed Leader),美国外交关系协会国会特别报告第74号,2016年2月。

个亚太地区都经历着因为美国的战略再平衡而带来的新的战略调整期。中国的一些邻国，例如菲律宾、日本、越南等在与中国的领土纷争中也积极谋求美国的支持。而即便是与中国没有领土纷争的一些国家，也出于平衡中国日益强大的战略和军事影响力的目的而乐于接受美国的战略调整。因此，中国新一代领导人在创造和维持稳定的外部环境以保证国内经济社会发展方面面临着较之其前任领导人大得多的压力和挑战，其外交政策调整也势在必行。[①]

二、外交新理念为探索建立国际新秩序提供"中国方案"

1. 构建"新型大国关系"，开启大国外交新常态。

2012 年 2 月，时任国家副主席习近平访美时提出，推动中美合作伙伴关系不断取得新进展，努力把两国合作伙伴关系塑造成 21 世纪的新型大国关系。2012 年 11 月，中共十八大报告指出："我们将改善和发展同发达国家关系，拓宽合作领域，妥善处理分歧，推动建立长期稳定健康发展的新型大国关系。"2013 年 6 月，新任国家主席习近平在访美期间与奥巴马总统会晤时，对中美新型大国关系的内涵进行了精辟概括：一是不冲突、不对抗；二是相互尊重；三是合作共赢。2014 年 11 月，习近平主席与到访的奥巴马总统在人民大会堂举行会谈时提出，要从 6 个重点方向进一步推进中美新型大国关系建设。习近平主席指出，一个良好的中美关系符合两国人民根本利益，也有利于亚太和世

---

① 张建：《习近平领导下中国的外交新政——迈向和平崛起 2.0？》，China's new foreign policy under Xi Jinping: towards' Peaceful Rise 2.0'?, Global Change, Peace & Security, Vol. 27, No. 1, 5 – 19, 2015, http: //dx. doi. org/10. 1080/14781158. 2015. 993958

界，要坚持从战略高度和长远角度出发，不断推进中美新型大国关系建设。奥巴马总统表示，美方愿意同中方共同为此做出努力。2015年9月，习近平主席访美期间，两国元首白宫会晤时重申继续构建基于相互尊重、合作共赢的中美新型大国关系。

习近平主席提出构建中美新型大国关系后，这一概念迅速成为中美高层交往的必谈话题，在中美关系语境中越来越多地出现，也引发了国际社会的广泛反响。

2017年3月，美国国务卿蒂勒森访华。《华盛顿邮报》评价此次访华时称，蒂勒森受到中国国家主席习近平的热烈欢迎。在会晤中，习近平主席强调："中美共同利益远大于分歧，合作是双方唯一正确的选择。"蒂勒森也明确表示，美方本着不冲突、不对抗、相互尊重、合作共赢的精神发展对华关系，不断增进美中相互了解，加强美中协调合作，共同应对国际社会面临的挑战。对此，美国智库战略与国际问题研究中心中国项目副主任斯科特·肯尼迪分析称，漫长的不确定期，使得美中两国及利益相关方均有焦虑，"全新对话"将有助于澄清各方的疑惑。①

张建在《习近平领导下中国的外交新政——迈向和平崛起2.0?》一文中指出，在中国新任领导人习近平的带领下，中国通过提出一系列构建有利于中国外部环境的外交理念和概念创新，彰显了更加积极和自信的外交新政。在这一系列的外交新理念和新概念里，第一个就是"构建新型大国关系"。在过去几十年里，一直都是美国在定义双边关系的本质，例如，美国副国务卿佐利克提出的"负责任的利益相关者"等，对很多人来说，这反映出华盛顿试图通过影响中国的外交行为来将中国拉入一个以美国为中心的国际秩序。而"新型大国关系"是中国在构建可

---

① 刘平：《美国积极评价蒂勒森访华期待"全新对话"定义中美关系》，光明网：http：//theory. gmw. cn/2017 - 03/22/content_24034909. htm。

行性国际关系上的探索和创新，旨在在一个更加公平的基础上定义国家关系的本质。

除了在构建新型大国关系方面与美国的积极互动，中国也积极推动与最大邻国俄罗斯相辅相成的大国关系建设。2013 年 3 月，习近平主席展开他履新后的首次出访，就是对俄罗斯进行国事访问。2014 年 2 月，习近平主席前往俄罗斯出席索契冬奥会开幕式。2015 年 5 月，习近平主席来到莫斯科参加红场大阅兵。正如俄罗斯前外长伊万诺夫 2015 年 6 月在第四届世界和平论坛上所说，"中俄之间的合作有着自己的驱动因素，也有着自己的一些逻辑的基础，它并没有对邻国或者其他的大国构成威胁。俄罗斯和中国并没有选择相互制衡，而是相互补充，在政治、经济、人道主义和其他的领域都是一种相辅相成的关系。"俄罗斯科学院远东所副所长奥斯特洛夫斯基也说，"未来中俄各领域合作十分令人期待。中俄双方的合作可以带动本地区，乃至整个上合组织、欧亚经济联盟成员国携手向前发展。"①

同时，中国也在积极寻求与欧洲各国的良性互动和合作共赢。2014 年 3 月，习近平主席出席在荷兰海牙举行的第三届核安全峰会，并访问荷兰、法国、德国、比利时和联合国教科文组织总部、欧盟总部。德国之声电台网站刊文中指出，这是中国领导人习近平担任国家主席后第一次在欧洲舞台的全面亮相。《欧洲时报》刊文报道习近平主席访德说，在今后的若干年内，作为世界第二大经济强国的中国和第四大国的德国，在经济上开足马力，继续当好世界经济"火车头"和欧洲经济发动机的同时，在政治和外交等其他方面，也将加强沟通和协调，共同谋求建立更为公正和合理的世界秩序。法国前总理拉法兰对习近平主席访

---

① 参考常红、康登慧、陈冰洁：《综述：习近平的"新型大国关系"外交战略是这样炼成的》，人民网：http：//politics. people. com. cn/n1/2016/0214/c1001 - 28121379. html。

法之行评论道："中国是爱好和平的国家，不愿看见一个充满冲突的世界。中国乐见的是多极世界，寻求的是国际力量均衡发展。因此，中国强调志同道合是伙伴，求同存异也是伙伴。"2015 年 10 月，习近平主席访问英国，英国《卫报》刊发社论，英国政界对中英关系的重要性和拓展中英关系的必要性保持高度的一致。"世界上大多数国家都在转向中国，英国也必须顺应潮流"。[①]

十八大以来，以习近平同志为核心的党中央在外交实践上形成了一套全方位大国外交战略，既为我国国内经济社会发展创造了稳定的外部环境，又为国际体系的发展和完善做出了重要贡献。

2. 打造"人类命运共同体"，为世界贡献中国力量。

2015 年 9 月，习近平主席在联合国总部出席第七十届联合国大会一般性辩论时发表重要讲话指出："当今世界，各国相互依存、休戚与共。我们要继承和弘扬联合国宪政的宗旨和原则，构建以合作共赢为核心的新型国际关系，打造人类命运共同体。"2016 年 7 月 1 日，习近平总书记在庆祝中国共产党成立 95 周年之际，发表了重要的七一讲话，称中国"愿扩大同各国的利益交汇点，推动构建以合作共赢为核心的新型国际关系，推动形成人类命运共同体和利益共同体"。2017 年，作为"习近平外交"的关键词，人类命运共同体理念继续生根发芽。1 月 18 日，习近平主席在日内瓦万国宫出席"共商共筑人类命运共同体"高级别会议时，再次全面深入地阐述了人类命运共同体理念。2 月 10 日，联合国社会发展委员会第 55 届会议通过"非洲发展新伙伴关系的社会层面"决议，人类命运共同体理念首次被写入联合国决议中。3 月 17 日，联合国安理会通过关于阿富汗问题的决议

---

① 参考常红、康登慧、陈冰洁：《综述：习近平的"新型大国关系"外交战略是这样炼成的》，人民网：http://politics.people.com.cn/n1/2016/0214/c1001 - 28121379.html。

强调，应本着合作共赢精神推进地区合作，以有效促进阿富汗及地区安全、稳定和发展，构建人类命运共同体。3月23日，联合国人权理事会第34次会议通过了关于"经济、社会、文化权利"和"粮食权"的两个决议，明确表示要"构建人类命运共同体"，这是人类命运共同体重大理念首次载入人权理事会决议，标志着这一理念成为国际人权话语体系的重要组成部分，凝聚起越来越多的和平希望与发展力量。

在新华社对巴基斯坦常驻联合国代表马利哈·洛迪的专访中，洛迪表示，中国国家主席习近平提出的"构建人类命运共同体"理念完全符合联合国宪章的基本原则，这一理念是中国对全球治理的重要贡献。她指出，联合国宪章预见了所有联合国会员国都拥有共同的命运，这是人类共同的命运。"构建人类命运共同体"理念完全符合宪章基本原则。当前在有些国家，反全球化势头愈演愈烈，贸易保护主义思潮有所抬头。在这样的情况下，全面、有效地落实"构建人类命运共同体"理念显得尤为重要。洛迪还说，"这是一个能够将各国人民团结起来的理念，也是一个确保各国人民的发展议程、发展模式符合人类共同命运的理念。"[1]

委内瑞拉常驻联合国代表豪尔赫·巴莱罗也表示，在人权领域，人类命运共同体意味着在尊重主权和领土完整基础上，通过共同发展实现人权的提升和保护，而不是对人权进行政治化的歪曲。[2]

法国前总理拉法兰对习近平主席提出的树立人类命运共同体意识表示极大赞赏。他说，我们的未来是相互依存的，我仍记得

---

[1] 顾震球：《专访："构建人类命运共同体"理念完全符合联合国宪章基本原则——访巴基斯坦常驻联合国代表马利哈·洛迪》，新华网：http://news. xinhua-net. com/2017 – 03/30/c_1120726655. htm。

[2] 施建国：《人类命运共同体理念在国际人权会议上回响》，环球网：http://world. huanqiu. com/hot/2017 – 03/10374263. html。

习近平主席在 2013 年博鳌亚洲论坛上关于命运共同体的讲话。没有人可以独自成功，所有人都与他人相互依赖，这一点非常重要。习近平主席强调的人类命运共同体理念是全球在 21 世纪的重要使命。①

俄罗斯独联体研究所高级研究员叶夫谢耶夫表示，习近平主席强调牢固树立人类命运共同体意识，表达了中国追求和平发展的愿望，体现了中国作为负责任大国的担当。在人类相互依存程度空前加深的"地球村"，各国只有合作才能共赢；只有找到利益支点，才能共享美好未来。构建人类命运共同体，就是要超越民族、种族、宗教信仰和意识形态，让共同利益克服分歧对立，用理性选择创造未来。②

美国西东大学和平与冲突研究中心主任汪铮表示，习近平主席在讲话中提到的牢固树立人类命运共同体意识，体现了中国对当今世界事务和中国自身责任与定位的看法，再次强调了中国不把自己的意志强加于他国。③

日本明治学院大学国际和平研究所研究员石田隆至认为，习近平主席在讲话中指出，"战争的达摩克利斯之剑依然悬在人类头上"、"我们要牢固树立人类命运共同体意识"，这些内容具有非常重要的现实意义。侵略不仅发生在过去，现在也仍有可能，正是在这一认识基础上，构建人类命运共同体才更有现实意义。④

巴西中国经济交流中心国际问题专家罗尼·林斯表示，中国作为当今世界大国，一直履行着和平发展的承诺，这对维护世界和平以及构建人类命运共同体是非常重要的。⑤

张建在《习近平领导下的中国外交新政策——迈向和平崛起

---

①②③④⑤ 《共同繁荣，建设人类命运共同体——国际社会高度评价习近平主席重要讲话》，中央政府门户网站：http://www.gov.cn/xinwen/2015-09/08/content_2926653.htm。

2.0?》一文中指出，在经济全球化时代，尽管各国政治体系和发展水平不同，依然存在着相互依赖的关系。"命运共同体"是习近平又一个著名的外交创新理念，其目的正是加强中国与一系列国家之间的广泛合作关系。①

3. "坚决维护国家核心利益"，践行中国外交核心使命。

2013 年 1 月，习近平总书记在十八届中共中央政治局就坚定不移走和平发展道路进行第三次集体学习时指出："我们要坚持走和平发展道路，但绝不能放弃我们的正当权益，绝不能牺牲国家核心利益。任何外国不要指望我们会拿自己的核心利益做交易，不要指望我们会吞下损害我国主权、安全、发展利益的苦果"。② 此后，以习近平同志为核心的党中央一再强调，要始终把坚决维护国家主权、安全、发展利益作为外交工作的基本出发点和落脚点。

张建认为，习近平执政以来，尽管北京仍然强调和平发展，但其外交指导原则和实践特征清晰可辨。其中一个重要特征就是维护国家核心利益的坚定决心。习近平在 2013 年 1 月中央政治局第三次集体学习时强调"更好统筹国内国际两个大局，夯实走和平发展道路的基础"，重申了维护国家核心利益的至关重要性。自此，维护国家核心利益一直是习近平在外交政策讲话中一贯的主题之一。尽管维护国家利益是所有国家的外交目标，包括中国，但习近平的讲话是中国领导阶层首次以如此强调的口吻将其与中国的和平发展政策联系在一起。这显示了维护中国的核心国家利益相较于和平发展被给予了在中国外交政策的基本原则中同等甚至更加重要的地位。根据习近平对维护中国核心国家利益的

---

① 张建：《习近平领导下中国的外交新政——迈向和平崛起 2.0?》，China's new foreign policy under Xi Jinping: towards' Peaceful Rise 2.0'?, Global Change, Peace & Security, Vol. 27, No. 1, 5 - 19, 2015, http://dx.doi.org/10.1080/14781158.2015. 993958。

② 中共中央宣传部：《习近平总书记系列重要讲话读本》，学习出版社、人民出版社 2016 年版。

一再强调，可以推测中国将在处理与别国纷争中采取越来越强势的立场。此外，中国的国家利益已经从"安全利益"（内部和外部环境安全）延展为"发展利益"。在全球战略指引下，中国的海外投资和贸易活动发展迅速，海外经济表现也为中国国家核心利益的演变增添了新的内容。[①]

霍普金斯大学教授、美国著名中国问题专家大卫·兰普顿（David M. Lampton）认为，不同于前任领导人，习近平在外交关系中表现出"奋发有为"的新立场。在处理与邻国关系时，他遵循邓小平的理论，在执政后反复强调重视"和平的国际环境"，处理争议岛屿分歧时，表示"主权属我，搁置争议，共同开发"，延续了邓小平"搁置争议，共同发展"的思想，但同时强调了维护国家核心利益的至关重要性。习近平时代，中国的军官和分析师们表示，为了获得与中国综合实力相当的国际地位，中国解放军不仅要研发复杂的武器，而且要为保护国家核心利益做好战争的准备。[②]

卡内基国际和平研究院高级研究员史文（Michael D. Swaine）认为，习近平主导的外交政策大体上承袭了此前中国外交的战略视角和目标，但是在策略上有所变化。他的核心外交理念仍然是谋求和平环境、独立自主发展和加强国际合作，这些都是中国实现发展需要的价值和资源。面对不断涌现出来的新挑战，习近平向其他国家证明，中国的发展对其而言意味着机会而非威胁，亚洲基础设施投资银行、"一带一路"倡议等都是基于共同发展的目标而提出的。但是同时，中国也将其他一些目标界

① 张建：《习近平领导下中国的外交新政——迈向和平崛起2.0？》，China's new foreign policy under Xi Jinping：towards' Peaceful Rise 2.0'？，Global Change，Peace & Security，Vol. 27，No. 1，5 - 19，2015，http：//dx. doi. org/10. 1080/14781158. 2015. 993958

② 大卫·兰普顿：《中国的领导者：从邓小平到习近平》（David M. Lampton, Following the leader：ruling China，from Deng Xiaoping to Xi Jinping），Berkeley：University of California Press，2013）。

定为保障自身发展的必要条件，进而成为外交政策的重要目标，那就是：维护国家领土主权、反对冷战时期的安全体系模式及其在当代的应用、构建更为公正合理的国际秩序。①

美国智库国家亚洲研究局（National Bureau of Asian Research，NBR）政治和安全事务高级项目主管罗兰（Nadège Rolland）指出，习近平 2013 年 10 月于周边外交工作座谈会上表示，与邻国维持良好关系再次被确立为中国外交的重点。其引用卡内基国际和平基金会研究员史文（Michael Swaine）的观点，认为这种外交政策旨在利用中国的经济实力拓展与周边国家的关系，逐渐改变其与中国互动合作的方式。其关键是将中国的经济实力转化为地缘政治影响力，特别是确保中国"核心利益"的合法性不会遭到邻国质疑。②

罗伯特·布莱克威尔、库特·坎贝尔在《全球舞台上的习近平》一文中也指出，习近平在外交方面采取软硬兼施的积极策略，使国际社会成员充分认识到与中国合作的好处以及同中国对立的代价，在关于领土和国民感情的问题上，习近平表现出绝不妥协的立场和态度。习近平推行的外交政策是与中国目前的国内情况相联系的，其在外交事务总体目标上承袭了前任的理念，但是在领土问题上更加积极。随着国家经济实力的增长，中国积极开展"一带一路"经济合作，意在使周边国家认识到与中国合作的好处和与其作对的后果，从而实现其外交政策目标的地缘政治利益。③

---

① Michael D. Swaine：《〈习近平谈治国理政〉中的外交理念》（XiJinping on Chinese Foreign Relations：The Governanceof China and Chinese Commentary）。

② Nadège Rolland：《新丝绸之路，中国的亚欧雄心》，载于《外交政策》2015 年第 3 期（秋季刊）。

③ 罗伯特·布莱克威尔、库特·坎贝尔：《国际舞台上的习近平：一位强势而开放的领导人带来的中国外交新政》（Robert D. Blackwill and Kurt M. Campbell，Xi Jinping on the Global Stage：Chinese Foreign Policy Under a Powerful but Exposed Leader），美国外交关系协会国会特别报告第 74 号，2016 年 2 月。

三、外交积极主动新态势提升中国的全球大国地位

1. 发起新倡议，展现大国外交风范。

2013 年 10 月 2 日，习近平主席在雅加达同印度尼西亚总统苏西洛举行会谈时，提出了筹建亚洲基础设施投资银行（以下简称"亚投行"）的倡议，以促进本地区互联互通建设和经济一体化进程，向包括东盟国家在内的本地区发展中国家基础设施建设提供资金支持。亚投行将同已有多边开发银行合作，相互补充，共同促进亚洲经济持续稳定发展。同月，李克强总理出访东南亚时，再次提出筹建亚投行的倡议。随后，从 2014 年 11 月至 2015 年 11 月，经过八次谈判代表会议，2016 年 1 月 16 日，亚投行开业仪式在北京举行，意味着历经 800 多天的筹备筹建后，全球迎来了首个中国倡议设立的多边金融机构开张运营。

为了表达中国参与国际治理的诚意，习近平主席在亚投行开业仪式的致辞中指出："亚投行的成立，说明了一个道理：有志者事竟成。我们相信，面对人类和平与发展的繁重任务，只要国际社会坚定信心、增进共识、合作共赢，我们不仅能够想做事，而且一定能够做成事。……中国是国际发展体系的积极参与者和受益者，也是建设性的贡献者。倡议成立亚投行，就是中国承担更多国际责任、推动完善现有国际经济体系、提供国际公共产品的建设性举动，有利于促进各方实现互利共赢。……中国将始终做全球发展的贡献者，坚持奉行互利共赢的开放战略。中国开放的大门永远不会关上，欢迎各国搭乘中

国发展的'顺风车'。"①

截至目前，亚行成员国已达到 70 个，在世界各大陆都有成员，除中国以外，澳大利亚、法国、德国、意大利、韩国、俄罗斯、英国、加拿大等均在其列。亚投行主席金立群称，世界各国对加入亚投行表现出来的兴趣说明中国为使亚投行成为一个国际组织所付出的努力没有白费。

法国国际关系研究所研究员艾莉丝·艾克曼（Alice Ekman）在《亚太地区：中国外交政策的重点》一文中指出，中国致力于加强基础设施和跨区域通讯网络（港口、公路和铁路等）建设，使地区贸易更加畅通，并借助比海路更短的陆路将中国的商品运送至欧洲市场。也正是出于这个目的，习近平在 2013 年 10 月亚太经合组织巴厘岛峰会上呼吁成立亚投行。中国对亚投行的建立做出了很大贡献，对该组织拥有一定的控制权。一些较贫穷的邻国也因此获得投资，开始落实斥资庞大的项目。中国之所以开始在亚太地区施展拳脚，积极发起合作倡议，主要可以解释为中国国力的提升和由此引发的力量对比的变化。中国较好地抵御了 2008 年秋的全球金融危机，而整个地区经济体之间关系的转变打破了原有平衡。正是认识到了当前的历史背景为其经济和政治崛起提供了绝佳时机，习近平开始重提"中华民族复兴"，即恢复中国在古代繁荣时期的世界影响力和国际地位。②

罗伯特·布莱克威尔和库特·坎贝尔认为，除了和其他国家建立强有力的关系外，习近平外交战略的一个重要因素就是充分地创建和参与多边机构，这其中就包括亚投行。亚投行的建立，有利于出于地缘经济考量向周围邻国分配贷款。尽管亚投行是一个多边机构而非中国的政府机构，这样的组织仍然可以成为中国

① 《习近平在亚洲基础设施投资银行开业仪式上的致辞（全文）》，新华网，http：//news.xinhuanet.com/politics/2016-01/16/c_1117796389.htm。
② Alice Ekman：《亚太地区：中国外交政策的重点》，载于《外交政策》2014 年第 3 期（秋季刊）。

的地缘经济工具，特别是考虑到北京在亚投行的管理和运营中发挥的重要作用，以及其拥有的重大事项否决权。美国拒绝参加亚投行是一个决策失误，包括其试图游说自己的盟友拒绝参加亚投行最终失败，都使得美国错失了影响亚投行创建规则和运行轨道的良机，也终将无法阻碍中国将亚投行作为地缘政治工具的考量。中国在包括亚投行、"一带一路"、亚洲相互协作与信任措施会议、"金砖国家"新开发银行、区域全面经济伙伴关系等一系列倡议中的主导作用，都将美国排除在地区讨论之外，也为中国提供了在国际机构中大展拳脚的机会，使其能够追求其国家利益，或试图重构国际秩序。美国在这些机构中的缺席，给了中国宣传"亚洲问题必须由亚洲人民自己解决"的机会，也放大了对美国双边盟友为时已久的批评论调。所有这些倡议都使得中国有能力对其他国家施加地缘经济和政治影响。①

张建也指出，美国对中国在亚太地区不断上升的影响力充满了担忧，并且试图劝说其同盟诸如澳大利亚和韩国等不要加入中国倡议的亚投行。这种竞争状态成为中美关系的一个重要特征。习近平领导下的中国外交更加富有经验，包含了连续性和变化性等重要因素。习近平带领下的中国领导阶层一直在维护中国国家利益和维持与别国的稳定关系中进行着合理的平衡。通过提出创建亚投行和其他贸易机制等倡议，北京在构建稳定的外部环境以为国内经济发展创造条件方面进行着不懈努力，也为地区经济合作和发展提供了重要的机会。这些倡议不仅服务于中国自身利益，也服务于地区发展需要。我们有充分理由相信，北京会继续加强在这些方面的尝试和努力，从而推动地区经济合作与发展，

---

① 罗伯特·布莱克威尔、库特·坎贝尔：《国际舞台上的习近平：一位强势而开放的领导人带来的中国外交新政》（Robert D. Blackwill and Kurt M. Campbell, Xi Jinping on the Global Stage: Chinese Foreign Policy Under a Powerful but Exposed Leader），美国外交关系协会国会特别报告第74号，2016年2月。

当然这也是出于其外交方面的考量。①

2. 建立国家安全委员会，加强大国外交顶层设计。

2013 年 3 月 17 日，经中国共产党第十八届中央委员会第三次全体会议决定，中央国家安全委员会（National Security Commission of the Communist Party of China）正式成立。

习近平总书记在主持召开中央国家安全委员会第一次会议并发表重要讲话时指出，贯彻落实总体国家安全观，必须既重视外部安全，又重视内部安全，对内求发展、求变革、求稳定、建设平安中国，对外求和平、求合作、求共赢、建设和谐世界；既重视国土安全，又重视国民安全，坚持以民为本、以人为本，坚持国家安全一切为了人民、一切依靠人民，真正夯实国家安全的群众基础；既重视传统安全，又重视非传统安全，构建集政治安全、国土安全、军事安全、经济安全、文化安全、社会安全、科技安全、信息安全、生态安全、资源安全、核安全等于一体的国家安全体系；既重视发展问题，又重视安全问题，发展是安全的基础，安全是发展的条件，富国才能强兵，强兵才能卫国；既重视自身安全，又重视共同安全，打造命运共同体，推动各方朝着互利互惠、共同安全的目标相向而行。②

3. 提升全球影响力，为世界发展繁荣做出更大贡献。

为了树立大国威信，提升中国的全球影响力，中国还在包括环境保护、国际维和、保护和发展非政府组织等方面做出了积极努力，受到国际社会的一致好评。

2015 年 12 月，习近平主席出席了在法国巴黎举行的气候大会并在大会开幕式上发表题为《携手构建合作共赢、公平合理的

---

① 张建：《习近平领导下中国的外交新政——迈向和平崛起 2.0？》，China's new foreign policy under Xi Jinping: towards' Peaceful Rise 2.0'？，Global Change，Peace & Security，Vol. 27，No. 1，5 - 19，2015，http：//dx. doi. org/10. 1080/14781158. 2015. 993958。

② 《中央国家安全委员会第一次会议召开习近平发表重要讲话》，中央政府门户网站，http：//www. gov. cn/xinwen/2014 - 04/15/content_2659641. htm。

气候变化治理机制》的重要讲话，强调各方要展现诚意、坚定信心、齐心协力，推动建立公平有效的全球应对气候变化机制，实现更高水平全球可持续发展，构建合作共赢的国际关系。习近平主席表示，中国政府认真落实气候变化领域南南合作政策承诺，中国在 2016 年 9 月设立 200 亿元人民币的中国气候变化南南合作基金，并将于 2017 年继续推进清洁能源、防灾减灾、生态保护、气候适应型农业、低碳智慧型城市建设等领域的国际合作，同时帮助发展中国家提高融资能力。他指出，应对气候变化是人类共同的事业，全世界人民应携手努力，为推动建立公平有效的全球应对气候变化机制、实现更高水平全球可持续发展、构建合作共赢的国际关系做出贡献。

罗伯特·布莱克威尔和库特·坎贝尔在评价习近平主席此前与奥巴马总统就环境保护问题发表气候变化联合声明时指出，对于习近平而言，此次会晤是中国领导人传递公共信息和树立良好形象的良举，同时也是就政策领域达成协议的一次尝试，可能也是在应对环境变化方面最大的进步。习近平承诺中国将在 2017年启动总量管制及配额交易的碳排放市场，在联合国巴黎气候大会举行之前，将中国在应对环境变化方面置于国际前列的位置。这个双边协议的签订，为巴黎气候峰会取得突破性成果打下了基础。中国在推动巴黎气候协议的成功签署方面发挥的重要作用，对于习近平国内和国际领导力的提升以及形象树立都起到了促进作用。①

2016 年 11 月，《联合国气候变化框架公约》第二十二次缔约方大会（马拉喀什气候大会）高级别谈判阶段，由联合国、中国政府和摩洛哥王国政府共同主办的"应对气候变化南南合作

---

① 罗伯特·布莱克威尔、库特·坎贝尔：《国际舞台上的习近平：一位强势而开放的领导人带来的中国外交新政》（Robert D. Blackwill and Kurt M. Campbell, Xi Jinping on the Global Stage: Chinese Foreign Policy Under a Powerful but Exposed Leader），美国外交关系协会国会特别报告第 74 号，2016 年 2 月。

177

高级别论坛"举行，来自十几个发展中国家主管环境事务的部长级官员、国际组织代表等百余人就加强应对气候变化南南合作、促进共同发展进行交流。与会嘉宾肯定了中国在推动南南合作应对气候变化上的贡献，纷纷为中国发挥的重要作用点赞。中国政府本着"平等互信、包容互鉴、合作共赢"的精神，与世界上27个发展中国家签署了应对气候变化物资赠送谅解备忘录，向有关国家赠送物资，并通过赠送卫星监测设备帮助他们提高极端气候事件的预警预测能力。同时，还为发展中国家培训了千余名应对气候变化领域的官员和技术人员，范围覆盖五大洲的120多个国家。[1]

摩洛哥外交与合作大臣、马拉喀什气候变化大会主席萨拉赫丁·迈祖阿尔表示[2]，中国积极支持应对气候变化和可持续发展，用行动践行自己的承诺，这为中国赢得了尊重。希望在中国的带动下，各国能够进一步负起责任、分享经验、做出贡献，找到更加务实的方式应对气候变化，同时为南南合作注入更多活力。埃及环境部长哈立德·穆罕默德表示，中国在风能、太阳能等可再生能源领域掌握着先进技术，埃及期待并欢迎与中国的合作。中国积极应对全球气候变化，在国际社会中做出了表率，包括埃及在内的广大非洲国家期待借助中国的宝贵经验，在南南合作框架下，积极实现"国家自主贡献"目标。《联合国气候变化框架公约》秘书处执行秘书帕特里夏·埃斯皮诺萨表示，中国在应对气候变化南南合作中发挥了领导性作用，作为国际合作的一部分，南南合作所提供的援助对于《巴黎协定》和可持续发展目标的实现有着巨大的贡献。联合国秘书长2030年可持续发展议程与气候变化特别顾问大卫·纳巴罗在致

---

①② 王云松：《应对气候变化南南合作高级别论坛在马拉喀什举行 "中国用行动践行自己的承诺"（国际视点）》，人民网，http：//env. people. com. cn/n1/2016/1116/c1010 - 28871257. html。

辞中积极评价中国为应对气候变化所做的努力，并对中国在南南合作中所展现的领导力点赞，大卫·纳巴罗说："感谢中国慷慨地支持南南合作，今天我们相聚在这里，携手应对气候变化，实现可持续发展。"①

此外，中国对全球性冲突更加关注，并广泛地参与亚洲之外的维和行动。在全球几乎所有焦点问题上，中国的外交介入都有所增强。2015 年 9 月 29 日，习近平主席在与美国总统奥巴马会谈时指出，中美同为安理会常任理事国，对维护世界和平与安全负有特殊责任，在联合国维和问题上拥有广泛共同利益。双方应继续就维和事务保持交流合作，为促进联合国维和事业、维护国际和平安全做出新的贡献。随后，习近平主席在纽约联合国总部出席第 70 届联合国大会一般性辩论时发表题为《携手构建合作共赢新伙伴 同心打造人类命运共同体》的重要讲话。他宣布，中国决定设立为期 10 年、总额 10 亿美元的中国—联合国和平与发展基金，支持联合国工作，促进多边合作事业。中国将加入新的联合国维和能力待命机制，率先组建常备成建制维和警队，并建设 8 000 人规模的维和待命部队。中国决定未来向非盟提供总额为 1 亿美元的无偿军事援助，支持非洲常备军和危机应对快速反应部队建设。

据报道，多年来，中国维和官兵始终模范遵守联合国维和人员行为准则和当地法律法规，保持了"零违纪"和"零遣返"，受到多方赞誉。联合国马里特派团司令在视察中国维和部队时赞扬，"你们是最好的部队，你们纪律严明、堪当重任，拥有你们是我们的骄傲"。联合国刚果（金）维和特派团司令感慨地说："中国部队最令我放心。"利比里亚总统瑟利夫赞扬中国维和部

---

① 王云松：《应对气候变化南南合作高级别论坛在马拉喀什举行"中国用行动践行自己的承诺"（国际视点）》，人民网，http://env.people.com.cn/n1/2016/1116/c1010 - 28871257.html。

队，"是伟大的中国人民和军队的友好使者。"①

除了在环境保护和世界维和方面的积极努力，中国在保护境外非政府组织方面也迈出了重要的步伐。2016年4月28日，全国人民代表大会常务委员会发布《中华人民共和国境外非政府组织境内活动管理法》，规范、引导境外非政府组织在中国境内的活动，保障其合法权益，促进交流与合作制定。此法自2017年1月1日正式实施以来，全国各省级公安机关登记受理窗口全面对外开放，为境外非政府组织提供登记备案咨询办理。目前已有62家境外非政府组织依法登记设立代表机构，登记地域涉及23个省区市，170余家境外非政府组织已确定业务主管单位，正在办理代表机构登记手续。62家设立代表机构的境外非政府组织，业务领域涉及经济、教育、科技、文化、卫生、环保和济困救灾等7大领域，其中包括来自美国的美中贸易全国委员会、比尔及梅琳达·盖茨基金会、世界健康基金会、家庭健康国际等27家，以及来自英国、瑞士、德国等14个国家和地区的35家。同时，来自美国的大自然保护协会、国际法学会、电影协会、亚洲医疗服务交流中心等16家组织，以及来自德国、法国、英国、新西兰、澳大利亚、丹麦等21个国家和地区的160余家组织，已确定业务主管单位，正在办理代表机构登记手续。②

《中华人民共和国境外非政府组织境内活动管理法》正式施行之后，国际救助儿童会成为第一批成功在北京获得注册的国际非政府组织之一，其首席执行官、前丹麦首相赫勒·托宁—施密特女士2017年3月来华与各界探讨共同推进儿童发展领域合作时表示："此前，无论是以丹麦首相还是普通游客的身份，我都多次来过中国。我非常高兴此次作为国际救助儿童会的首席执行

---

① 李鹏、李爱明、刘乙泽：《中国维和部队25年来受到国际社会多方赞誉》，国防部网站：http://news.mod.gov.cn/headlines/2015-04/07/content_4578795.htm。
② 参考《境外非政府组织登记备案工作稳步推进》，境外非政府组织办事服务平台：http://ngo.mps.gov.cn/ngo/portal/view.do? p_articleId=25052&p_topmenu=1。

官再度到访中国，并与我们在中国最重要的合作伙伴进行会面和交流，一起为中国乃至世界儿童发展事业共同努力。"作为国际儿童救助会首席执行官，托宁—施密特女士高度赞赏和支持2017年1月中国国家主席习近平在达沃斯提出构建人类命运共同体、让世界共赢共享的全球治理方案，表示愿意参与其中，让全世界和中国的儿童在全球化中更好地受益。①

2017年3月24日，比尔及梅琳达·盖茨基金会宣布与中国伙伴达成多项合作成果，持续支持中国应对国内健康与扶贫挑战，并推动中国充分发挥创新潜力，成为全球健康与发展领域强有力的合作伙伴。基金会联席主席兼理事比尔·盖茨表示："我很高兴能有机会再次来到中国，与各界朋友共同探讨全球健康与发展话题。2017年是盖茨基金会进入中国的第十个年头，我们在支持中国加快实现自身健康与发展目标进程的同时，一直致力于推动中国利用技术、创新、资金和政策方面的优势，在全球健康和发展领域中扮演更重要的角色。此行取得的合作成果，将进一步支持我们在全球范围内的健康和发展目标。"②

党的十八大以来，中国外交政策在保持改革开放以来的连续性和大政方针稳定性的前提下，坚持独立自主外交原则，紧紧围绕国家发展这个中心，在理念、实践和制度上进行创新，外交战略从"韬光养晦"转向"积极主动"，为探索建立国际新秩序提供中国方案，不断提升中国的全球大国地位，彰显大国外交风范，展现了显著的中国特色、中国风格和中国气派，得到了来自国内和国际的充分肯定。

---

① 张慧婧：《国际救助儿童会CEO来华与各界探讨推进儿童发展领域合作》，公益时报网：http://www.gongyishibao.com/html/gongyizixun/11485.html。

② 高文兴：《盖茨基金会深化与中国合作伙伴关系》，公益时报网：http://www.gongyishibao.com/html/yaowen/11494.html。

第十章

治国理政风格：海外"聚光灯"下的习近平[①]

党的十八大以来，以习近平同志为核心的党中央基于对新的世情、国情、党情、社情和民情的深刻认识，带领全国各族人民励精图治、攻坚克难，开创了中国特色社会主义事业新局面，形成了丰富的治国理政思想。习近平治国理政思想作为科学的理论体系，蕴含着深刻的理论内涵，彰显了鲜明的理论风格，展现出了马克思主义政治家的雄才大略和高超的政治智慧，得到了人民群众的衷心拥护。与此同时，习近平治国理政风格也引起了海外智库专家、媒体、学者、政要的密切关注，并赢得海外的高度评价。

通过对习近平治国理政风格的考察与解读，海外媒体、学者、政要普遍认为，中国古典政治哲学的精华与社会主义政治理论的传统是习近平治国理政风格的主要思想资源，丰富的个人阅历是习近平治国理政风格形成的重要现实来源，习近平治国理政举措巩固加强了党的核心领导地位与权威，雷厉风行的坚定反腐败净化了党内政治生态，积极进取有所作为的风格开拓了大国外交新局面，全面深化改革的坚定风格保障了国家改革事业有力推

---

① 吕增奎、郑颖、张利军、付哲、赵超、李晓倩、谢光远、董佳欣、娄雨婷对此文亦有贡献。

进，政治领域改革的高效风格构建了健康的政治生态，经济领域
改革的稳健风格形成了新的经济增长模式。

一、继承了中国古典政治哲学的精华与社会主义政治理论的传统

海外学者、媒体评论认为，习近平治国理政风格有着深厚的
传统思想文化渊源，他们主要从其对中国古典政治哲学与社会主
义政治哲学两个方面的继承进行考察。就对中国古典政治哲学的
吸收而言，主要包括了儒家政治哲学、道家政治哲学和法家政治
哲学的精华。与此同时，他们认为，习近平治国理政风格继承了
中国社会主义政治理论的传统，体现为对马克思主义的指导地位
的坚持，对毛泽东与邓小平等新中国伟大政治家思想的传承。

1. 吸收了中国儒、道、法家政治哲学的精华。

一些海外学者指出，习近平治国理政理念体现着各种中国古
典政治哲学思想精华的融会贯通。日本学者加茂具树在布鲁金斯
学会 2014 年 12 月 9 日"中国作为一个大国的复兴：美日视角比
较"研讨会上发言提出，习近平对于儒家文化十分欣赏，甚至认
为儒家文化能够引领中国道德的前进，成为"中国梦"的精神力
量之一。在凯瑞·布朗（Kerry Brown）所著的《中国首席执行
官》一书看来，习近平和中国诸多现代领导人一样，把孔子这位
生活在 2500 年前哲学家的道德教化作为指导民众的标准，而习
近平是其中比较显著的一位。该书作者还认为，孔子言论对民众
理解中国权威的历史与文化语境提供了正确的思维方法，而对这
些思想的强调则显示出中国现代领导人的深远眼光①。英国伦敦
大学国王学院中国研究所教授凯瑞·布朗认为，习近平所欣赏的

---

① 　Kerry Brown, CEO, China: The Rise of Xi Jinping, I. B. Tauris, 2016.

"治大国若烹小鲜"则代表了中国道家哲学的治国理政理念，体现出了谋定而动的道家智慧。英国另一位中国问题专家乔纳森·芬比（Jonathan Fenby）在英国《新政治家》周刊发表文章认为，中国古典政治哲学法家对习近平严厉打击腐败有着深刻影响，"法家这一哲学流派相信自上而下的治理，以法律管理民众，反腐斗争就是这种法家思想的完美例证"①，以中纪委为核心的机构营造出反腐败的强大氛围，克服既得利益集团的阻挠，达到政治治理的效果。

2. 继承了社会主义政治理论的传统。

2016 年 7 月，《金融时报》发表了名为《习近平表示中国共产党正在回归马克思主义的本质根源》的评论文章，专门引用了讲话内容，"全党同志必须牢记，我们要建设的是中国特色社会主义，而不是其他什么主义"。该文认为，这是在经济日趋繁荣、各种新的社会问题出现的背景下，习近平敦促 8 800 多万名党员不要背离马克思主义②。法国中国问题专家阿比加埃尔·瓦塞利耶（Abigaël Vasselier）2013 年 11 月 20 日在国际战略关系研究所开设的"战略事务"网站上发表题为《中国共产党第十八届三中全会：中国的转折点?》的文章，认为西方对习近平抱有很大的期待，他要么成为一名变革幅度剧烈的改革者，要么追随前任领导人做出一定幅度的改革。从这次全会的反映来看，可以说他仍然沿袭了过去中国领导人的传统。具体而言，他在党内会议上的数次讲话中对社会秩序稳定、反腐败和中央权威的重要性的特别强调，都曾是邓小平所强调和重视的。

印度国防研究和分析研究所研究员阿维纳什·戈德波尔（Avinash Godbole）在《中国的政治过渡的第二阶段：权力巩固

---

① Jonathan Fenby, The New Emperor, New Statesman, JUNE 2015, pp. 19 – 25.
② http：//theory. people. com. cn/n1/2016/0713/c376186 – 28549422. html, 2016 – 07 – 13.

和新意识形态的轮廓》①中指出，过去一年中政治观察者看到的是习近平对毛泽东语言的引用比较频繁，而这样做的目的是为了激活党的组织机构。他认为，习近平这样做与推进经济发展并不矛盾，毛泽东思想有助于对党员干部进行社会主义教育与群众路线学习活动，习近平继承了毛泽东对于党一定要戒骄戒躁的思想，群众路线教育活动的意义在于拉近党与群众之间的距离。阿维纳什·戈德波尔进一步分析，"习近平主席的目标是在市场经济的条件下实现党的纯洁化，而在当代中国社会主义条件下，这种目标是可以理解的"。②关于毛泽东对习近平的影响，阿维纳什·戈德波尔总结道，习近平并非教条主义的毛泽东主义者，他将发展毛泽东的思想来团结大众。

二、丰富的个人阅历塑造了治国理政的鲜明风格

一些海外中国问题专家则将目光聚集到了习近平的早年经历，认为习近平治国理政风格的形成与他丰富的个人阅历息息相关。首先，他出身于忠诚的革命家庭，具有一种与生俱来的崇高使命感。其次，农村经历成为了他的宝贵财富，培养了他的果敢自信的品质与对法制建设的重视。再次，他的早期地方主政期间开拓进取的精神与艰苦奋斗的作风也是习近平治国理政风格形成的重要来源。

---

① Avinash Godbole: China's Political Transition Phase II: "Consolidation of Power and Contours of the New Ideology", in Naval Jagota ed. China Yearbook 2013, Institute for Defence Studies and Analyses, 2014.

② Avinash Godbole: China's Political Transition Phase II: "Consolidation of Power and Contours of the New Ideology", in Naval Jagota ed. China Yearbook 2013, Institute for Defence Studies and Analyses, 2014, P. 14.

1. 忠诚的革命家庭出身孕育了崇高的使命感。

大卫·菲尤史密斯在《中国的领导者：从邓小平到习近平》一文中指出，习近平出生于革命家庭，从小接受革命传统教育，受到严格的家风熏陶①。傅士卓（Joseph Fewsmith）在胡佛基金会《中国领导观察》第43期发表的名为《毛泽东的影响》的文章认为，习近平作为革命家的后代，注重恢复早期中共的纯洁性和纪律性，这一点对当代中国的治国理政十分必要。因为国家领袖肩负领导全国人民实现国家复兴的重任，这也是中国共产党的历史使命。正因为如此，习近平大力提升党员的纪律意识和党组织的纪律性，坚持群众路线教育，大力打击腐败，强调意识形态领域工作的重要意义②。罗伯特·布莱克威尔与库特·坎贝尔（Robert D. Blackwill、Kurt M. Campbell）在《全球舞台上的习近平》③一文中提出，作为革命家的后代，习近平对于领导并振兴党和国家有着特殊的责任感与使命感，他对于党员的忠诚有着严格的要求，对于腐败分子深刻鄙视，对资本主义价值观持怀疑态度，鉴于苏联解体的前车之鉴，认为共产党领导下的中国绝不能走上那样的道路。

日本学者高原明生于2014年12月9日布鲁金斯学会举办的"中国作为一个大国的复兴：美日视角比较"研讨会上的发言特别强调下乡经历对于作为革命功勋后代的习近平的影响。作为革命功勋后代，他们都对掌握或者说主导当代中国的政治与社会系统有着天然的使命感，尽管很多革命功勋后代和他们的父辈在"文革"中遭受磨难，但是与他们的父辈不同，后代对于"文

---

① David M. Lampton, Following the Leader：Ruling China, from Deng Xiaoping to Xi Jinping, University of California Press, 2014.

② Joseph Fewsmith, Mao's Shadow, China Leadership Monitor. Spring 2014, Issue 43.

③ Robert D. Blackwill and Kurt M. Campbell, Xi Jinping on the Global Stage：Chinese Foreign Policy Under a Powerful but Exposed Leader, Council on Foreign Relations, 国会特别报告第74号，2016年2月。

革"的感受并不完全是消极的，而是把那时的磨难当作他们经受锻炼的宝贵经历，这些经历对于他们最终获得成功是重要的。参会的另一位日本学者加茂具树在发言中认为，作为革命领袖的后代，习近平对于掌握或者主导当代中国政治与社会体系有着天生的自信，有决心和信心带领中国民众走向更美好的未来，这是他担任总书记以来推动一系列改革的根本原因。两位学者均认为，他们的父辈创立了中国共产党和新中国，他们理所当然地认为应当接过父辈的旗帜，带领人民沿着这条道路实现更宏伟的目标。

2. 艰苦的"知青"岁月历练了卓越的品质。

下乡经历对习近平青年时代的影响，是海外观察者们另一个感兴趣的问题。"文革"时期，习近平在陕北农村插队7年，对他人生的思想形成产生了重要影响，他说，"最大的收获有两点，第一是让我懂得了什么叫做实际，什么叫实事求是，什么叫群众，这是让我受益终生的东西。第二是培养了我的自信心"①。

日本学者霞山会理事阿部纯一认为，习近平在领导与协调工作时所体现出来的注重成员自主性，以及出现问题时发挥协调功能的"调整型"领导人特点，与"文革"时期下放农村时所造就的充分尊重群众意见的性格密切相关。② 美国学者大卫·兰普顿在其《中国的领导者：从邓小平到习近平》一书中认为，习近平在陕北农村插队的经历对其有很大影响，尽管习近平出身于高级干部家庭，但他能够有效地认识到基层群众对他的形象预期③。罗伯特·布莱克威尔和库特·坎贝尔认为，习近平能够敏锐感受并把握公众的期望，将自己塑造成为一个果敢自信的领导人，公众认为他是一个不会被腐蚀的普通人和超人的完美结合

① 习近平在自述文章《我的上山下乡经历》中说的话。
② 阿部纯一：《试图掌握军权的习近平的战略与课题》，大西康雄编：《机动研究成果报告》第4章，日本贸易振兴机构亚洲经济研究所2013年2月。
③ David M. Lampton, Following the Leader: Ruling China, from Deng Xiaoping to Xi Jinping, University of California Press, 2014.

体，公众对他的满意率始终保持在高位水平，这种果敢与自信正是他在"文革"时期担任基层干部期间所培养出来的①。

也有一些学者认为，"文革"的经历也使得习近平认识到法治对治国理政的重要价值。美国哥伦比亚大学政治系教授黎安友（Andrew Nathan）2016 年 5 月在《纽约书评》发表《谁是习近平》一文中指出，习近平从自己与家人以及其他人在"文革"中的经历中进一步意识到缺乏法治的危险性②。乔纳森·夏普主编的《中国复兴：习近平的崛起》一书中也认为，"文革"时代无视法律的状况给习近平留下了深刻的记忆，使得他对于依法治国十分重视，尤其体现在十八届四中全会通过全面推进依法治国的战略，以及同时推动的司法制度改革③。

3. 地方主政经历锻造了开拓进取的精神。

海外学者对习近平治国理政风格的来源分析的聚焦点之一，是习近平在担任总书记之前的履职经历上。美国布鲁金斯学会约翰·桑顿研究中心主任李成在《开罗评论》发表文章认为，习近平在担任最高领导人之前以长期注重市场经济发展而为人所知，他在地方任职期间对市场经济的重视表现为大力引进外资、促进民营经济发展，推动金融市场化改革。习近平深知改革开放的重要性，在上任之初就提到错失改革时机会使党丧失活力。乔纳森·夏普在一篇名为《依形势的稳定与变化?》④ 的文章中则对习近平这一方面的经历做了更为详细的分析。作为开国功臣习仲勋之子，习近平在开拓进取方面堪称楷模，主动到正定县基层

---

① Robert D. Blackwill and Kurt M. Campbell，Xi Jinping on the Global Stage：Chinese Foreign Policy Under a Powerful but Exposed Leader，Council on Foreign Relations，国会特别报告第 74 号，2016 年 2 月。

② Andrew Nathan，Who Is Xi?，New York Review of Books. 5/12/2016，Vol. 63 Issue 8，p8 - 12.

③ The South China Morning Post The South China Morning Post（Author），Jonathan Sharp（Editor），The China Renaissance：The Rise of Xi Jinping and the 18th Communist Party Congress，World Scientific Publishing Company，2013.

④ http：//www. worldscientific. com/doi/abs/10. 1142/9789814522878_0003.

工作三年，推行经济改革，以旅游业推动经济发展，同时突出专业科研人员与专业人才对于经济发展的重要性。该文认为，在担任福建省委副书记与省长期间，习近平对经济发展思路进行改革，认为在大力发展工业的同时，一定要注重维护生态平衡，福建省成为全国森林覆盖率最高的省份之一，这种经济发展思路与布局的改革无疑是具有前瞻性的。与此同时，加大福建对外贸易深度，提高引进外资水平，增加基础设施建设，使福建经济发展取得突破性成就。此外，在坚定经济发展的同时，习近平特别注重严格自我要求、艰苦朴素的生活作风，西装只是在正式场合穿，平时仍然穿着正定时期的旧军装，从来都是在食堂与大众饭店用餐，几乎不出入所谓高档场所，保持了一贯的清正廉洁品格。乔纳森·夏普另一篇名为《中国文艺复兴：习近平和中共十八大的崛起》的文章中指出，习近平在浙江省任职期间，积极推动长江三角洲经济改革，联合江苏与上海增强长三角在全国乃至世界范围的经济影响力，为全国经济改革开放起到了带头作用①。

三、巩固了党的领导地位和中央权威具有深远意义

办好中国的事情，关键在党。十八大以来，以习近平同志为核心的党中央巩固了党的领导地位，加强了党中央的权威。海外学者、媒体、政要认为，习近平对现有的理论、路线、制度在引领中国发展过程中所起的作用是充满信心的，所有改革都在这一

---

① The South China Morning Post, Jonathan Sharp, The China Renaissance: The Rise of Xi Jinping and the 18th Communist Party Congress, World Scientific Publishing Company, 2013.

基本框架下进行。他们指出，习近平治国理政着力建设一个纯洁与团结的政党具有深远意义，并且对习近平治国理政巩固党的领导地位和中央权威给予高度评价。

1. 巩固党的领导地位。

美国前驻华大使洪博培在美国智库"外交关系理事会"举行的专题研讨会上表示，习近平正在相当大程度上展示着"前所未有"的领导力风格，以相当"进取的、自信的"方式进行领导。① 凯瑞·布朗认为，习近平坚信无论当下和未来中国的发展面临如何多样的挑战，无论需要什么样的方针政策来解决这些挑战，所有这一切都必须是一个统一规划的一个部分，这个规划的首要参与者就是中国共产党。如果没有党的指挥与统一领导，中国的问题就不可能得到很好的解决。这里实际上是在强调必须充分发挥党的领导作用，而党的领导作用的充分发挥，要求不断加强党的纯洁性与纪律性，不断深入群众，不断学习提高。克里·布朗在《中国首席执行官》一书中认为，从设计层面上来说，中国共产党是有序治理中国唯一可行的治理组织，如果这个支柱倒了，中国没有别的替代者②。牛津大学欧洲研究教授安瑟（Ash）教授于 2015 年 7 月在英国《卫报》发表题为《习近平的中国是地球最大的政治实验》③ 一文指出，习近平认为在改革已经进入深水区的情况下继续推进，就必须有一个强大且有决心的执政党。因此，任何对中国共产党合法性的挑战，无论是西方媒体还是来自网络激进主义，都必然是不可接受的。

2. 加强党中央权威。

海外分析人士认为，中国经济与社会的发展遇到了众多挑战

① http：//cpc. people. com. cn/xuexi/n1/2016/0202/c385474 – 28104625 – 4. html，2016 – 02 – 02.

② Kerry Brown，CEO，China：The Rise of Xi Jinping，I. B. Tauris，2016.

③ Ash T. Xi Jinping's China is the greatest political experiment on Earth. The Guardian. 2015，July 6. Retrieved from http：//www. theguardian. com/commentisfree/2015/jun/01/war-peace-dependchina-domestic-success.

与问题，这些挑战和问题既是发展的压力，也是改革的动力，而中国最高领导人的个人权威与坚决意志在改革的众多推动因素中显得十分突出。《中国首席执行官》一书认为，习近平通过制度强化了领导人的权威，习近平本人担任了新成立的全面深化改革领导小组的组长，是领导小组的核心。通过领导小组在方方面面指导党和政府的政策，推进了经济改革、社会改革、军队改革等全面深化改革，因而赢得了"全面领导"（President of Everything）的称谓①。美国布鲁金斯学会网站 2014 年 3 月 11 日题为《习近平的中国路线图》的文章把当代中国的经济、社会和外交领域的重大变化都视为在习近平清晰果断的领导思维和领导风格影响下的顶层设计的结果。

罗伯特·布莱克威尔与库特·坎贝尔（Robert D. Blackwill、Kurt M. Campbell）在《全球舞台上的习近平》② 一书中指出：新加坡前总理李光耀曾评价习近平是一个有钢铁般雄心的人，是中国继邓小平之后最有权力的领导人，而且在执政后通过一些大刀阔斧的行动短时间内巩固了他的领导地位。但领导人权威的加强也同时意味着责任的加重。加州大学圣地亚哥分校国际关系与太平洋研究学院经济学教授巴利·诺顿（Barry Naughton）认为，随着"二战"风云人物的陨落，世界政治的强人时代结束。在强人时代，领导人的权力来自于他们在革命时代确立起来的个人权威，而非他们的职务。邓小平从未担任过党或国家的最高领导人，但这并不妨碍他成为中国最有权力的领导人。在后强人时代，最高领导人的权威都来自于政治体系，因此必须依赖正式的规则，通过党的正式机构——例如国家安全委员会和中央领导小组——来推行自己的计划。

---

① Kerry Brown, CEO, China: The Rise of Xi Jinping, I. B. Tauris, 2016.

② Robert D. Blackwill and Kurt M. Campbell, Xi Jinping on the Global Stage: Chinese Foreign Policy Under a Powerful but Exposed Leader，美国外交关系协会国会特别报告第 74 号，2016 年 2 月。

法国《世界报》驻北京记者布里塞·佩德罗莱迪（Brice Pe-droletti）2013 年 11 月 12 日发表文章认为，习近平的领导风格更为鲜明突出，一些分析家看到了他的政治审慎原则，在这一原则的推动下稳妥地推进了一些改革，然而当习近平表现出政治经济改革者形象的同时，也展现出对共产党执政的最高权力的捍卫者形象。艾丽丝·米勒在一篇名为《派别问题》的文章中指出，习近平主政后得到了最多党内精英的一致认可，打破派别是习近平权威加强的一个部分，而这一树立权威的过程也会从党内逐步扩展到整个社会①。

四、雷厉风行的坚定反腐净化了党内政治生态

习近平总书记始终从党和国家事业发展战略高度出发，着眼于新的形势任务，以强势姿态大力推进党风廉政建设和反腐败斗争。海外学者认为，习近平雷厉风行的坚定反腐净化了党内政治生态，大力反腐的实质就是要在新时期继续继承党的优良传统，保持纯洁性与纪律性，重新整顿党的纪律，重塑党的权威，以更好贯彻党的意图。反腐行动采取了制度化方式，加大了反腐败的力度与范围，腐败现象与腐败行为得到了明显的遏制，并给经济社会的发展带来了一系列益处。

海外观察者对习近平治国理政中反腐败斗争的关注焦点之一在于注重这场行动中追求纯洁道德的本质。在美国著名中国问题专家罗德里克·麦克法夸尔看来，"反腐败行动"的实质，是习近平试图进行一场文化运动，通过运动使得中共党员变得正直。道德高尚是马克思主义政党保持执政地位的关键，道德上的

---

① Alice Miller, The Trouble with Factions, China Leadership Monitor. Winter2015, Issue 46, p1 – 12.

真诚是党员干部清廉、诚实和正直的根本特征①。傅士卓（Joseph Fewsmith）在胡佛基金会《中国领导观察》第43期发表文章指出，自习近平掌权主政以来，中国对改革开放前的历史的评价更为积极，这是因为习近平认识到历史虚无主义会对中国共产党的历史地位与现存政治秩序发生负面影响。作为革命家的后代，习近平意识到必须恢复中国共产党早期的纯洁性和纪律性，这对当代中国的治国理政是十分有价值的，习近平推进的大力打击腐败就是达到这一目的的重要途径②。

　　海外对反腐败斗争的目的进行了分析，俄罗斯人民友谊大学教授尤里·塔夫罗夫斯基（Yuri Taft Komorowski）在《习近平：正圆中国梦》一书中强调，习近平具有"爱国主义和忠于信仰的基因"，衷心希望改善自己人民的生活，不能容忍腐败行为寄生在其肌体里，这使习近平下决心从打"大老虎"开始行动。③日本学者主要从以下几个方面进行了解读。第一，整顿党的纪律。拓殖大学名誉教授茅原郁生认为，反腐败是党内净化的必要手段。④第二，加强党的权威。高原明生指出，习近平之所以开展反腐败斗争，是因为他有着强烈危机意识，意识到如果不消除腐败，就会对党和国家的长治久安产生重大威胁。⑤茅原郁生表示，习近平认识到如果对腐败现象放任不管，就会危害民众对共产党的长期以来的信任，因此执政后首先着手反腐败。⑥第三，

　　①　Roderick MacFarquhar, China：The Superpower of Mr. Xi, New York Review of Books. 8/13/2015, Vol. 62 Issue 13, p32 - 34.
　　②　Joseph Fewsmith, Mao's Shadow, China Leadership Monitor. Spring 2014, Issue 43, p1 - 9.
　　③　http：//cpc. people. com. cn/xuexi/n1/2016/0202/c385474 - 28104625 - 4. html, 2016 - 02 - 02.
　　④　茅原郁生：《中国军队内部腐败的实际情况与反腐败对策》，载于《东亚》2015年7月号。
　　⑤　高原明生：《习近平的反腐败斗争——其实际情况与效果》，IIST（贸易研修中心）国际情势研讨会（2015年5月21日）。
　　⑥　茅原郁生：《中国军队内部腐败的实际情况与反腐败对策》，载于《东亚》2015年7月号。

反腐败是推进经济改革的手段。日本防卫省防卫研究所编写的
《东亚战略概观2015》第3章"中国：习近平政权积极的内外政
策"指出，反腐败的主要目的是为了打破大型国有企业的利益格
局，转变经济发展方式。日本野村综合研究所社长此本臣吾认
为，反腐败斗争是社会主义与市场经济得以并行不悖的必要对
策。① 日本经济产业研究所首席研究员、经济产业省通商政策局
国际规则制度交涉官田村晓彦认为，习近平主政的主要战场是经
济结构改革，反腐败不过是其手段而已，通过反腐败打破与国企
运营密切相关的"权"与"利"的关系，从而推动经济结构改
革。② 田村晓彦进一步指出，尽管反腐败有助于推动习近平领导
权威的加强，但反腐败更为重要的是经济体制改革的手段，是为
了推动经济体制改革而进行的政治改革。③

关于习近平治国理政的反腐败方式问题，美国杜克大学政治
系教授墨宁（Melanie Manion）在《经济和政治研究》2016年第
4期的文章《看重中国的反腐败运动》④ 中认为，中国此次反腐
败的力度是空前的，而在反腐败方式上的最大特点在于制度化运
作，"从推出的举措数量上来看，这次是党的历史上最彻底的反
腐败"⑤，这次最突出的特点是走向反腐败制度化的步骤和良好治
理的可靠努力，这些是中国过去的反腐败所缺乏的东西。同时，
他认为，"2016年的中国处在十字口：合适的政策选择能够巩固

────────────

① 此本臣吾：《向实现新常态迈进的习近平政权》，载于《知识资产创造》
2015年9月号。
② 田村晓彦：《中国的反腐败斗争与经济结构改革——以国企改革为中心》，
http：//www. rieti. go. jp/jp/columns/a01_0405. html，2014 – 8 – 19.
③ 田村晓彦：《中国的经济体制改革与反腐败——以国有企业改革为中心考察
二者的关系》，载于《东亚》2015年7月号。
④ Melanie Manion，Economic and Political Studies，2016 Vol. 4，No. 1，pp. 3 –
18.
⑤ Melanie Manion，Economic and Political Studies，2016 Vol. 4，No. 1，P. 5.

现有的成绩，并推动更深层的进步。"① 面临的难题之一是，"以前反腐败的主要障碍是对各级纪委的双重领导。这使地方党委的领导人把经济增长放在第一位，而不重视廉洁治理，同时保护地方的腐败网络。这次反腐败运动发生了许多结构性变化，加强了中纪委领导下的纪律监察"②。

美国佐治亚州立大学政治学教授安德鲁·韦德曼（Andrew Weidman）在英国《金融时报》网站 3 月 17 日发表题为《习近平的打虎行动》③ 的文章，将习近平反腐败的其他几种方式进行了概括总结，第一，草根网络平台的反腐败，游击战在草根层面，中国政府打的是一场游击战，爆料人和网民使用社交媒体，曝光猖獗的贪腐行为；第二，针对中低级官员反腐的持久战，这一层面的反腐似乎更像是圈禁"幼虎"，被抓的都是县处级以下的贪腐官员，以及更低级别的贪腐官员和贪腐干部，即大量的"苍蝇"；第三，针对本国及外企的商业反腐败，中国的检察官们自 2006 年起就开始涉足商业反腐败，在 2013 年起诉了一些对官员和企业进行商业贿赂的公司和个人，2013 年，中国的检察部门加大了反腐败力度并将目标扩展到外国企业；第四，针对高层反腐败的政治战，此次反腐败斗争涉及的官员层级之高，以及其中政治因素的比例之重，使其在力度和范围上都是空前的。

2014 年 7 月初，日本《外交学者》杂志发表题为《中国反腐败行动为何必将成功》的文章称，现在，我们有理由相信，中国领导人对于反腐败持严肃认真的态度，反腐败事业必将取得成功。④ 美国《华尔街日报》网站 2014 年 8 月 5 日报道称，从其规模、强度、持续的时间以及落马官员的级别来看，习近平向公众

---

① Melanie Manion，Economic and Political Studies，2016 Vol. 4，No. 1，P. 3.
② Melanie Manion，Economic and Political Studies，2016 Vol. 4，No. 1，P. 7.
③ http：//news. sohu. com/20140320/n396925323. shtml，2014 – 03 – 20.
④ http：//cpc. people. com. cn/xuexi/n1/2016/0202/c385474 – 28104625 – 4. html，2016 – 02 – 02.

表明，在清理贪腐问题上，他的态度是严肃认真的。^① 英国《卫报》报道，在习近平整肃军纪军风的带动下，军队贪腐现象得到了遏制。依法治军势必推动中国军队的结构改革。^②日本《外交学者》网站 2014 年 8 月 6 日的文章说，反腐行动可以给中国的经济增长带来三个好处：第一，它增加了老百姓的福利，因为他们在社会中的相对地位提升了；第二，它有利于建设更加健康的市场经济；第三，它还可以帮助中国避开困扰其他许多发展中国家的所谓增长陷阱。^③ 法国学者帕斯卡尔·博尼法斯（Pascal Boniface）于 2016 年 1 月于《国际战略杂志》发表《反腐败斗争，国际关系的新范式》指出，2012 年执政后不久，习近平就表示反腐败对于国家而言意义深远，甚至关系着国家的生死存亡。在他看来，腐败现象的猖獗将导致党和国家的衰败。自反腐败行动开展至今，共有 27 万名党内官员因腐败受到处置。反腐败政策使习近平在民众当中赢得了很高声望。

五、积极进取有所作为的风格开拓了大国外交新局面

近年来，以习近平同志为核心的党中央准确把握世界格局演变和发展大势，创造性地提出了一系列外交重大战略思想，开启了中国特色的大国外交，开创了中国外交的新风格、新局面。海外学者、媒体评论认为，习近平在外交上展现出了更加积极主动的特点，在地区和全球问题上采取了有所作为的做法，广交朋友，积极融入与参与制定国际规则，努力扩大国际影响，确立大

①② http：//cpc. people. com. cn/xuexi/n1/2016/0202/c385474 - 28104625 - 4. html，2016 - 02 - 02.

③ http：//cpc. people. com. cn/n1/2015/1221/c64387 - 27955493. html，2015 - 12 - 21.

国地位。对于中国外交新变化的原因和影响，一些学者和媒体从地缘政治、经济、军事等方面展开了详细的分析评论。

澳大利亚前总理陆克文（Kevin Rudd）认为，在实现中国经济改革、实现中国梦的愿望驱动下，习近平的外交政策比前任领导人更具前瞻性，中国也将在构建多极世界中更加积极主动。日本学者认为，中国希望通过实现"一带一路"来确立中国的地区大国地位。冈崎研究所报告指出，"一带一路"构想的目的无疑是增强中国在亚洲太平洋、印度洋地区的影响力。[1] 早稻田大学教授青山瑠妙指出，"一带一路"是中国版的"马歇尔计划"，目的是通过扩大供应基础设施的国际贸易，促进人民币的国际化，扩大经济影响力，最终扩大政治和外交上的影响力。[2] 日本贸易振兴机构亚洲经济研究所地区研究中心东亚研究组副主任研究员松本春香指出，习近平执政以来，中国积极进取的外交风格形成的原因在于，第一，中国已经成为经济大国，自信心提高；第二，伴随着经济发展，中国民族精神日益高涨；第三，中国国内支持强硬外交的网络舆论影响力扩大，倾向于支持强硬的对外政策。

英国刊物《全球变迁、和平与安全》的一篇文章在分析习近平外交提出的"新型大国关系"、"命运共同体"和"顶层设计"等概念后认为，习近平在外交方面展现出主动出击的进取特点。其中，在开始执政的一年之内极为频繁的外交活动，对核心国家利益的史无前例的强调，以及努力扩大国际影响的外交手段表明，习近平已经领导中国进入"和平崛起2.0"时代。英国学者杰弗里·贝德（Jeffrey A. Bader）在2016年2月布鲁金斯学会亚洲工作小组2016年外交政策报告第2号文章《习近平是怎样看待世界的？为什么是这样？》中认为，随着中国的经济和军事实力大幅

---

[1] 冈崎研究所：《中国的"一带一路"构想并不只是"计谋"》，载于《解读世界潮流：冈崎研究所评论集》2015年5月12日。

[2] 青山瑠妙：《习近平政权的中国外交》，CRCC研究会演讲录第75回（2014年9月25日）。

增长，在习近平时代，中国在经济、政治、军事力量以及自身回报方面都对现有国际体系提出了相应要求，中国力图从单纯的国际体系成员转变为国际规则的制定者。贝德追溯历史认为，自邓小平时代以来，中国独立自主地积极融入国际体系。尽管中国对于一些现有国际规则提出自己的看法，并且试图建立新的规则而实现自身利益，但目前中国仍然处于国际现有规则和体系之中。虽然习近平领导下的中国有能力实现更多自身的利益要求，但是在实现过程中必须慎重考虑由此引发的对周边国家所产生的不同影响①。杰弗里·贝德在另一篇文章中，将习近平的积极进取的外交战略目标总结为六项内容，第一，将中国在西太平洋地区的影响最大化；第二，构建中国作为这一地区经济纽带和杠杆的作用；第三，实现两岸统一，明确宣示领土主张；第四，强化军事能力与军事力量投送能力；第五，在多边机制中发挥更大作用；第六，与美国保持积极互利的关系，但是也在做战略竞争的准备。

美国学者的主流观点也认为，习近平的外交更加积极进取，寻求世界大国的地位。詹姆斯顿基金会刊物《中国简报》2015年7月17日刊文指出，习近平时代的外交政策已经使中国从"游戏玩家"跃升到"游戏发起者"。少数学者认为习近平时代的外交政策只是对过去政策的继承和延续，并没有什么变化。美国卡内基国际和平基金高级研究员迈克尔·施万（Michael Schwann）在胡佛研究所的《中国领导层观察》（第48号）上撰文认为，《习近平谈治国理政》所反映的是，习近平的对外政策是中共长期外交政策的重新包装，在很多方面仍然延续了传统观点②。

法国学者的评论与英国学者基本一致，《希洛多德》杂志2013

---

① Jeffrey A. Bader, How Xi Jinping Sees the World…and Why, Asia Working Group Paper2, Foreign Policy at Brookings, February 2016.

② Michael Swaine, Xi Jinping on Chinese Foreign Relations: The Governance of China and Chinese Commentary, China Leadership Monitor, Fall. 2015, Issue 48, pp. 1 – 14. 14p. Routledge.

年3月的文章《习近平时代的中国外交政策》认为，在2012年，"韬光养晦"这个中国原有的外交指导思想就已经开始从中国外交政策的制定中逐渐淡出了，而习近平担任国家主席以来则开始明确提出了积极进取的外交政策新思路。法国《外交政策》2014年第3期（秋季刊）题为《亚太地区：中国外交政策的重点》的文章指出，亚洲目前是中国外交政策的重点区域，中国与亚太地区经济合作计划落实更加迅速。由于中国较好地抵御了2008年全球金融危机，导致了整个亚洲地区经济体之间关系的平衡被打破，为中国赢得了倡导深入经济合作的空间。该文还认为，与此同时，在习近平时代，中国几乎在全球所有焦点问题上都增强介入，比如叙利亚危机、乌克兰危机、积极参与打击索马里海盗。《地缘经济》2014年2月发表的法国学者尤金伯格（Eugène Berg）的文章《昨日与明日的强国》认为，习近平外交是可以避免守成大国和新型大国之间的"修昔底德陷阱"，中国不必重蹈以往大国崛起所带来的世界再平衡必须通过战争途径解决的模式。在尤金伯格看来，中国崛起所带来的新型和平大国关系具有划时代的意义。

有的评论还认为，习近平在外交方面展现出灵活应对的策略。威利沃林迪—兰普拉姆在《习近平时代的中国政治——复兴、改革还是倒退?》一文中认为，利用经济在国际舞台上结交朋友，孤立敌人，比如提供海外发展支持，对外国政府或企业提供贷款的"人民币外交"，对非洲和拉美国家进行"援助外交"；在处理与美国、日本、俄罗斯等大国关系上，习近平主张建立"新型大国关系"。该书认为，与美国的外交关系建立在经济、投资和贸易的共同利益基础上，与日本的关系可概括为"政治冷、经济热"，与俄罗斯的关系则是"热政治，冷经济"；在与东盟的关系上主要考虑经济机会和安全问题①。

———————

① Willy Wo-Lap Lam, Chinese Politics in the Era of Xi Jinping: Renaissance, Reform, or Retrogression? Routledge, 2016.

六、全面深化改革的坚定风格保障了
国家改革事业有力推进

全面深化改革是新时期党的工作的重中之重。习近平总书记以深邃的政治眼光和敏锐的洞察力，深刻把握全面深化改革的阶段性特征和各领域改革特点，提出一系列改革新理念，始终从认识论和方法论上引领改革的正确方向。海外媒体和专家学者对此密切关注并且给予评价，认为习近平推进全面改革的坚定决心保障了国家改革事业有力推进，这种改革是具有中国特色的自主性改革，具有高效性和全面性。他们分析中国全面深化改革的成功原因，认为习近平的英明领导是改革成功实施的重要保障。

《中国首席执行官》一书指出，在 2013 年 11 月召开的中国共产党十八届三中全会上审议并通过的《中共中央关于全面深化改革若干重大问题的决定》是开启中国改革的新版本。在这次全会上，习近平受政治局委托就《中共中央关于全面深化改革若干重大问题的决定（讨论稿）》做了说明。该书认为，习近平的说明涉及了十一个深化改革的重点，其中包括市场化、国有企业改革、税制改革、城镇化、中国特色的民主、司法体制改革、反腐败斗争、网络舆论争夺战、外交和生态环境问题。[①]

牛津大学欧洲研究教授安瑟（Ash）教授于 2015 年 7 月在英国《卫报》发表题为《习近平的中国是地球最大的政治实验》[②]一文，认为习近平领导改革是全面改革的宏大战略[③]，习近平带

[①] Kerry Brown, CEO, China: The Rise of Xi Jinping, I. B. Tauris, 2016.

[②] Ash T. Xi Jinping's China is the greatest political experiment on Earth. The Guardian. 2015, July 6. Retrieved from http://www.theguardian.com/commentisfree/2015/jun/01/war-peace-dependchina-domestic-success.

[③] Ash T. Xi Jinping's China is the greatest political experiment on Earth. The Guardian. 2015, July 6, P. 6.

有强烈的改革使命感，第一次视察的地方是深圳，显然是想要传达改革的信号。该文梳理了中国多年以来的改革历程，认为2013年召开的十八届三中全会发布的是一项高调的改革文件，制定了将在习近平领导下实施的全面改革计划和目标清单。四中全会发布了另一项高调的改革文件，党致力于建设法治国家。2015年，习近平推出了一项深刻的军队改革计划，提出了建国以来最全面的军队重组规划。然而，所有这些活动似乎表明，习近平决心进行经济发展、社会发展和国家建设所迫切需要的结构性和制度改革。[①] 该文指出，习近平认为在改革已经进入深水区的情况下要继续推进，就必须有一个强大坚决的执政党。

新加坡《联合早报》2015年2月9日发表文章指出，习近平执政以来最显著的成就是大力推动了中国各项改革，并且不是如很多人士期望的那种越来越接近西方模式的改革，而是按照"不犯颠覆性错误"、"不走老路，不走邪路"、"坚持党的领导"这种既定原则进行的自主性改革，不妨称之为"习式改革"。"习式改革"力度之大，效率之高，令人瞠目。除政治改革以外还包括了户籍制度、土地制度、社保制度、金融体制、财政体制等重大领域在内的经济和社会多方面改革，短短两年里，都有了决定性突破。环顾世界，没有任何一个国家能够像当今中国这样，以一种说到做到、只争朝夕的方式全面推进改革进程。这就是中国特色的、以政治自主性为保障的全面深化改革。"习式改革"对于整个世界都有正面示范效应。[②]

日本爱知县立大学副教授铃木隆和菱田雅晴指出，习近平时代综合改革除政治与经济领域以外，也在致力于协调推进财政、社会管理、环境保护、社会保障等各项治理改革。在政治与行政

---

① Ash T. Xi Jinping's China is the greatest political experiment on Earth. The Guardian. 2015，July 6，P. 6.

② http：//news. ifeng. com/a/20150209/43137860_0. shtml，2015 - 02 - 09.

的治理改善方面，地方治理问题尤为突出。例如，近几年屡被提及的地方政府的债务问题，地方一级的治理欠妥便是主要原因。因此，在这些重要的政策领域（社会管理、环境保护、社会保障、司法等），中央对地方加强统一管理的动向均显而易见。习近平领导下治理和改革的基本志向，可以说是通过中央—地方关系的再调整，实现中央集权与垂直管理的强化，以及由此而达成全国一级的治理的等质化①。

七、政治领域改革的高效风格
构建了健康的政治生态

海外普遍认为，中国的政治领域的高效改革为建构健康的政治生态奠定了基础，主要表现在政策制定与政策实施方面，当前中国的政治领域改革是广泛和深刻的，体现了执政党强大的政治适应能力。

日本爱知县立大学副教授铃木隆和菱田雅晴认为，习近平在政治领域改革的高效风格首先体现在"小组政治"与政策决定，习近平自执政以来，在党中央一级，各种"领导小组"相继诞生。两位日本学者认为，最显而易见的以制度化形式开展活动的便是"中央全面深化改革领导小组"。根据官方报道，"中央全面深化改革领导小组"按每月一次左右的频率召开会议，对涉及多方面的改革方案进行审议和决定②。

新加坡《联合早报》2015 年 2 月 9 日发表文章指出，习近平执政以来政治改革效率突出，仅简政放权方面，2013 年国务院取消和下放行政审批事项 416 项，2014 年 317 项，两年合计 733

---

①② 铃木隆、菱田雅晴：《超级大国中国的去向（第 3 卷）中国共产党与统治能力》，东京大学出版会，2016 年。

项，已提前完成了李克强总理当初许诺的本届政府削减 1/3 审批事项的任务目标①。

日本国爱知县立大学副教授铃木隆和菱田雅晴认为，习近平时代的中国政治改革是更广泛、深刻的改革，显示出共产党的政治适应能力极高，党中央追求的治理改革是根治政治病理的根本疗法。两位日本学者认为，这种高效政治改革所取得的最大的改革成果，是司法制度与军队机关的改革。铃木隆和菱田雅晴推测，中国政治改革下一阶段的目标是不再仅仅依靠官僚机构的指挥命令，而是建立能够使与社会的对话成为可能的有效制度，在提高民众对政治经济制度的信任及"当事人／参加者意识（sense of ownership）"的过程中，凝聚社会方面的创造性能量，继续推进政治改革。②

八、经济领域改革的稳健风格形成了新的经济增长模式

在当前新的历史条件下，以习近平同志为核心的党中央，引领中国经济进行一场深刻的变革，为中国社会主义经济建设的理论与实践进一步指明了方向。海外媒体、学者、政要认为，中国采取的是一种稳健的经济改革，包括重新调整利益结构，处理市场与政府的关系，转换经济增长模式等内容。他们认为，中国经济改革的前景是乐观的，改革的成果对于全世界都具有重要意义。

法国学者吉兰·法布尔（Guilhem Fabre）2014 年 3 月在

---

① http：//news. ifeng. com/a/20150209/43137860_0. shtml，2015 - 02 - 09.

② 铃木隆、菱田雅晴：《超级大国中国的去向（第 3 卷）中国共产党与统治能力》，东京大学出版会，2016 年。

《第三世界》杂志发表《财富聚敛：中国经济衰退的内幕》，认为习近平在经济领域的改革触及了利益集团的经济利益，因此稳健是其明智选择，经济改革的核心问题在于推行财富再分配，而从中央层面看，解决在党内外构筑强于"吃皇粮"利益集团的执政联盟才是关键。习近平发起的长期反腐败斗争不仅针对普通官僚阶层的"苍蝇"，也针对政治精英阶层的"老虎"，大幅缩减此前占政府开销20%～30%的公车、接待和国际差旅预算费用。法布尔认为，习近平主席确立的经济结构性改革方案主要包括以下方面：让市场在资源配置中发挥作用；完善国有资产管理机制，充实社保基金、公共财政和集体福利；发展非公有制经济；进行税收改革，明确划分中央政府和地方政府间的收入和支出责任；通过赋予农民更多的土地使用权、将落户农民完全纳入城镇住房和社会保障体系，推进城乡融合；更有效地管理自然资源，应对环境衰退问题。[①]

奥地利《新闻报》2013年11月12日发表评论文章指出，十八届三中全会最重要的成果是调整市场与国家间关系的意向。中国经济的重大问题之一便是政府对于经济的决定性影响以及国有企业巨头在国民经济中的主导地位。私人企业虽然得到许可，但在投资或贷款方面都要面临诸多障碍。全会公报中出现了"公有制经济和非公有制经济都是社会主义市场经济的重要组成部分，都是我国经济社会发展的重要基础"这样的表述，意味着贡献了中国60%经济成就的私营企业将会得到强化。文章在分析十八届三中全会改革背景时进一步分析认为，中国意欲告别目前过分依赖出口的经济模式，因为中国的经济引擎很容易受到欧洲和美国销售市场萎缩的影响，产能过剩、环境污染和就业问题也使得旧有的经济增长模式难以为继，这预示着中国经济将走向自

---

① 法国学者吉兰·法布尔（Guilhem Fabre）2014年3月在《第三世界》杂志发表《财富聚敛：中日经济衰退的内幕》中的部分内容。

主与稳健的状态。

日本评论家田原总一朗也强调改革成功与否直接关系着新常态和“十三五”规划能否实现：为实现6.5%以上的年增长率，习近平政权正在整理、合并和淘汰国有企业，尽可能使之民营化，这需要妥当处理①。高原明生认为，习近平提出的“新常态”，是由“建设型经济”向“维持型经济”转变②。野村综合研究所中国研究中心理事松野丰指出，新常态是中国今后基本的经济政策，不仅仅意味着经济增长率由高度增长到中速稳定增长的转变，而且包含经济结构改革的质的转变。关于新常态能否实现，松野丰表示，中国经济的潜在增长率还很高，通过改善资本投资效率，今后还会取得一定的经济增长。因此，从逻辑上来说，新常态实现的可能性更大③。

法国《回声报》2013年11月12日发表的文章《中国：北京承诺将市场置于经济规则的核心》认为，十八届三中全会的关键词是市场。通过着手“全面深化改革”，北京将赌注压在了将市场置于规则的核心上，让市场在资源配置和价格决定机制中发挥决定性作用。确切地说，中国经济的诸多失衡在于国家干涉而造成的资源配置不当，因此这显然是个好消息。为涉及这些改革将专门成立一个“中央领导小组”，这一做法很容易让人回想起邓小平为加快经济开放所采取的方法。

美国前财政部长亨利·保尔森（Henry Paulson）在《中国经济回到正轨》一文中高度评价中国习近平时代稳健经济改革的价值，在全球经济增速放缓的情况下，中国进行的稳健经济改革对世界经济来说比以往任何时候都要重要。保尔森对中国经济改革

---

① 田原总一朗：《内忧外患的习近平政权能否重建中国经济》，http：//www. nikkeibp. co. jp/atcl/column/15/100463/040600059/？rt = nocnt. 2016 - 04 - 07。

② 高原明生：《习近平的反腐败斗争——其实际情况与效果》，IIST（贸易研修中心）国际情势研讨会（2015年5月21日）。

③ 松野丰：《习近平政权的改革计划与新常态实现的可能性》，载于《知识资产创造》2015年9月号。

的前景十分乐观，原因在于，一是中国领导人清醒地认识到中国增长模式需要改变，二是中国新领导人足以应对改变的压力，三是中国必须进行的改革不能够再拖延，四是公众对改革的期盼比以往要高。他还认为改革决定将会把中国经济带入积极的持续的新方向，美国、欧盟等发达经济体同样依赖中国的经济改革。

　　大时代需要大格局，大格局需要大智慧。党的十八大以来，以习近平同志为核心的党中央在治党治国治军多领域、全方位形成的治国理政思想，是一个具有丰富内涵思想深刻的科学理论体系。其中所彰显的新理念、新思想、新战略向全世界深刻地阐明了中国道路、中国责任、中国自信。习近平治国理政风格中体现出的稳健与智慧、自信与担当，点亮了中国梦、也点亮了世界梦。习近平治国理政所取得的伟大成就与卓越贡献，不仅得到中国人民衷心拥护，而且也赢得了海外的广泛认同与尊重。

参 考 文 献

1. 《习近平谈治国理政》，外文出版社 2014 年版。

2. 《习近平关于全面从严治党论述摘编》，中央文献出版社 2016 年版。

3. 《习近平关于严明党的纪律和规矩论述摘编》，中央文献出版社、中国方正出版社 2016 年版。

4. 《习近平总书记重要讲话文章选编》，中央文献出版社、党建读物出版社 2016 年版。

5. 《十八大以来重要文献选编（上）》，中央文献出版社 2014 年版。

6. 《十八大以来重要文献选编（中）》，中央文献出版社 2016 年版。

7. 中共中央宣传部《习近平总书记系列重要讲话读本（2016 年版）》，人民日报出版社 2016 年版。

8. 《马克思恩格斯文集》第 2 卷，人民出版社 2009 年版。

9. 安德鲁·魏德曼：《双重悖论：中国经济的快速增长和腐败》，中信出版社 2013 年版。

10. 安室憲一：《中国経済·産業の未来と日本への影響》，世界経済評論，2016 年第 2 期。

11. 《不断开辟中国特色社会主义发展新境界——五论学习贯彻习近平总书记"7·26"重要讲话精神》，载于《人民日报》2017 年 8 月 3 日。

12. 菲利普·努贝尔（Filipp Noubel）和薇薇安·吴（Vivian

Wu）：《社会网络的创造性混乱：中国国家发展动力的机遇与挑战》，《法国公共行政杂志》，2014 年第 150 期。

13. 冯志鹏：《从'三个自信'到'四个自信'——论习近平总书记对中国特色社会主义的文化构建》，载于《学习时报》2016 年 7 月 7 日。

14. 龚刚：《论新常态下的供给侧改革》，载于《南开大学学报》2016 年第 2 期。

15. 韩显阳：《美国专家：看好中国的生态文明建设》，载于《光明日报》2015 年 3 月 8 日。

16. 胡伟星：《习近平"大国外交"思想及中国的中央国家安全委员会》（Weixing Hu, Xi Jinping's 'Big Power Diplomacy' and China's Central National Security Commission（CNSC）），载于《当代中国》2016 年第 98 期。

17. 黄滢：《中国领导人是讲故事高手》，载于《环球人物》2013 年第 34 期。

18. 蕾切尔·卢：《中国共产党刚刚开通微信》，美国《外交政策》杂志网站 2014 年 8 月 25 日，http：//foreignpolicy. com/2014/08/25/the-chinese-communist-party-just-opened-a-wechat-account/。

19. 联合早报网：《"习式执政"进入新阶段》，http：//www. zaobao. com/buyeng/translate/story20141010 – 398526，2014 年 10 月 10 日。

20. 林民旺：《印度对"一带一路"的认知及中国的政策选择》，载于《世界政治》2015 年第 5 期。

21. 罗伯特·布莱克威尔、库特·坎贝尔：《国际舞台上的习近平：一位强势而开放的领导人带来的中国外交新政》（Robert D. Blackwill and Kurt M. Campbell, Xi Jinping on the Global Stage：Chinese Foreign Policy Under a Powerful but Exposed Leader），美国外交关系协会国会特别报告第 74 号，2016 年 2 月。

22. 牛瑞飞、李永群等：《绿色，彰显中国可持续发展理念》，载于《人民日报》2015 年 11 月 3 日。

23.《让民众对国家更有信心——外国学者眼中的"全面从严治党"》，载于《人民日报》2016 年 12 月 15 日。

24. 任仲文主编：《传承·开放·超越——文化自信十八讲》，人民日报出版社 2011 年版。

25.《世界热议中共展示从严治党决心》，载于《人民日报》(海外版) 2016 年 10 月 26 日。

26. 王沪宁：《作为国家实力的文化：软权力》，载于《复旦学报》1993 年第 3 期。

27. 约瑟夫·奈：《软力量：世界政坛的成功之道》，吴晓辉、钱程译，东方出版社 2005 年版。

28. 张建：《习近平领导下中国的外交新政——迈向和平崛起 2.0?》，China's new foreign policy under Xi Jinping: towards Peaceful Rise 2.0, Global Change, Peace & Security, Vol. 27, No. 1, 5 – 19, 2015。

29. 张占斌、周跃辉：《关于中国经济新常态若干问题的解析与思考》，载于《经济体制改革》2015 年第 1 期。

30. Francois Godement, "A Hundred Think Tanks Bloom in China", European Council on Foreign Relations, Aug 25, 2016.

31. Frans – Paul van der Putten, Europe and China's New Silk Roads. http: //www. realinstitutoelcano. org/wps/wcm/connect/15fd 9e60 – 5d30 – 46ba – 9871 – 9888cfbc4600/Europe – and – Chinas – New – Silk – Roads – + Report – ETNC. pdf? MOD = AJPERES&CAC HEID = 15fd9e60 – 5d30 – 46ba – 9871 – 9888cfbc4600.

32. "Global Image of the United States and China", Pew Research Center, July 18, 2013.

33. Jessica Batke, "Good citizens, splendid civilization: Culture in the 13th FYP (Part 3 of MERICS series)", Mercator Institute

for China Studies, March 29, 2016.

34. Kerry Brown, "China's New Moral Education Campaign", The Diplomat, September 21, 2015.

35. Scott Moskowitz, "Beijing Does it Better: The Charm Offensive and Chinese Soft Power", Foreign Affairs, June 9, 2013.

36. Sourabh Gupta, ICAS. The Belt and Road Initiative should learn from paths already travelled. http: //www. eastasiaforum. org/ 2017/05/16/the-belt-and-road-initiative-should-learn-from-paths-already-travelled/.

后记

　　本书是中央编译局海外当代中国学研究中心研究团队成员，通过对党的十八大以来国外研究智库、专家学者、政商界人士以及主流媒体、学术刊物等有关当代中国问题研究报告、报道评论、分析文章，进行长期跟踪、收集梳理、编写而成的，所选用的资料涉及英、法、德、日、俄、西班牙语等多种文字。书中外国政商界人士、专家学者和媒体的一些评述建言不乏真知灼见。然而，有的分析角度和看法则囿于其认知局限，未必全面、准确，仅供参考，不代表编者观点。

　　本书编撰人员分别为：主编，魏海生；副主编，赖海榕、俞晓秋；第一章，詹珩、谢光远；第二章，张利军；第三章，谢光远；第四章，张怡文；第五章，李雯雯；第六章，云巳茹；第七章，董佳欣；第八章，董莹；第九章，庞娟、郑颖；第十章，乔茂林。

　　本书编写若有不当之处，敬请读者指正。在此，也对各位作者及出版社编辑所付出的辛劳表示衷心感谢。

海外当代中国学研究中心

2017 年 9 月